我优雅
ELEGANT HEART

# 你适合创业吗

王世颖 ◎著

ARE YOU GOOD AT STARTING A BUSINESS

机械工业出版社
CHINA MACHINE PRESS

近年来，全球女性创业发展势头迅猛，女性创业所带来的贡献在全球范围内日益突出，成为全球经济增长的重要驱动力之一。在中国，女性创业发展相对较晚，但势头强劲。本书作者正是从女性创业这一主题入手，经过多次调研选取了“你适合创业吗”这一大家最为关注的话题。本书共分六部分，分别从是转职还是创业，如何选择创业方向，如何为创业做准备，如何选择创业合伙人，如何找资金，以及创业后容易犯的错误等六个方面着手，切入每一个女性创业者的关注点。

**图书在版编目（CIP）数据**

你适合创业吗／王世颖著．—北京：机械工业出版社，2017.1

ISBN 978－7－111－55563－6

Ⅰ.①你…　Ⅱ.①王…　Ⅲ.①女性-职业选择　Ⅳ.①C913.2

中国版本图书馆 CIP 数据核字（2016）第 294786 号

机械工业出版社（北京市百万庄大街 22 号　邮政编码 100037）

策划编辑：姚越华　　责任编辑：刘建光

版式设计：张文贵　　责任校对：刘雅娜

封面设计：吕凤英　　责任印制：李　洋

保定市中画美凯印刷有限公司印刷

2017 年 1 月第 1 版 · 第 1 次印刷

145mm×210mm · 9.875 印张 · 1 插页 · 174 千字

标准书号：ISBN 978－7－111－55563－6

定价：42.00 元

凡购本书，如有缺页、倒页、脱页，由本社发行部调换

电话服务　　网络服务

服务咨询热线：（010）88361066　　机 工 官 网：www.cmpbook.com

读者购书热线：（010）68326294　　机 工 官 博：weibo.com/cmp1952

（010）88379203　　教育服务网：www.cmpedu.com



金 书 网：www.golden-book.com

## 推荐序 1
Preface

# 换个角度，
# 你会发现创业没有那么难

王紫上
上方传媒创始人兼 CEO　腾讯众创孵化器导师
《云管理：互联网 + 时代的组织管理革命》作者

世颖邀请我为这本新书写序，我心里暗暗叹服，3 月份的时候世颖刚刚出版了新书《引爆 IP：影游漫文超级 IP 打造之道》，时过半年又一本大作面世。世颖之前已经出版过几本书了，知识面涉猎之广、跨界之大让人折服。她有着惊人的洞察力和智慧，可以把自己的创业经验以及在爱奇艺、蓝港互动等知名公司高管的职场经历总结出来。我很期待这本能够引领女性成长的书。

**越来越多的女性开始创业，选择成就自己**

现代社会的发展，女性意识的觉醒，以及互联网的普及造就了越来越多的女性开始创业。互联网的柔性、包容性、柔韧性、跨越时空和无地域性都为女性创业者提供了大量创业的机会，也让更多女性活出了自己。在互联网和移动游戏领域，世颖也是一位有独特思想力的女性领导者，每次在高峰论坛和沙龙上听她的分享都是满满的干货，这在男性领导者占主流的社会是一种美丽而又温暖的力量。

在我们人生有限的三万多天里，越来越多的女性选择成就自己，释放自己的才华和潜能，敢于追求自己的梦想，活出最好版本的自己，而非成为男人人生帝国里的附属品。独立、智慧的女性，敢于按自己的内心想法，而不是按照别人的目标和标准而活着，她可以释放她独特的个性和魅力，可以使自己人设的有限走向无限。

**从创业到公司上市，我也遇到过很多困难**

我创业之前经常被领导批评挑战权威，个性鲜明，有的时候自己很想负责任，可是没有人让我负责任。但我记得上一任老板曾告诉我：如果你在一个环境中受到了委屈，找找原因，如果是环境的原因，改善；如果是自己的原因，改变。当我意识到身处的环境不可能改善，而我又无法改变老天给我的性格的时候，我能做的就是离开，创造一个适合我生存的环境。

创业早期因为没有资金，我们有很多版主、网友和技术外包，后来一些来自全国各地的网友成为公司云端的同事。因为资金的匮乏，我们被迫发展出了自己独特的云管理模式，人工成本、管理成本和运营成本很低，但是效率却很高。2016年，我出版《云管理》一书，重点介绍这种云端人才的组织和管理模式，这本书被很多创业者誉为可以实现趋零成本创业的书。

创业一定会遇到很多困难，但是每一个困难乃至错误都会帮助我们的企业更为平衡，我们所遇到的每一个困境都让我们更为强大。评价一件事困难与否、痛苦与否都来自于我们选择的评价体系，来自于我们看问题的角度，当我们尝试着转换我们的思维方式和认知事物的方式时，你会发现创业并没有那么难。

**创业是一种修炼，帮助我们提升心灵的成长**

不管我们选择什么样的生活或者事业，每个人的人生都有无数的功课等着我们来学习。当我们可以把所有来自生活的困难和磨砺当成是我们人生的功课，相信上天给我们的每一个境遇里都有让我们成长的东西，接纳我们的功课并完成它，我们就能在人生的道场里成为出色的弟子，不断升级，让自己的人生路走得更远。而有的人拒绝接受自己的功课，遇到困难的时候只会抱怨、哀叹或者逃避，下次再遇到同样的问题时，依然无法顺利解决，那么就只能一直留级，一生就只剩碌碌无为。

创业是我们可以选择的一种生活方式和修炼方式，可以帮助我们提升心灵的成长，解决问题的能力，更大心智的成熟，更多的生存条件。虽然金钱和财富并非我们创业的目标，它们是为我们的人生目标服务的，但是如果你有幸创业成功，就可能会得到很大的物质财富，由此你将会获得更多的时间自由、空间自由、人身自由，并帮助你走向更广阔的世界和宇宙……

## 推荐序 2
Preface

# 推开“不安分”的天花板之后

TOP HER 创始人　高琨

亲爱的读者，如果你拿起这本书，好奇是否是为你而写，可以读读这篇序，这是我从一个“白骨精”到挣扎创业的心路历程。

创业一年多，更觉得市面上早就该有这么一本书了。很多女性把从决定创业到创业比喻成女人分娩的过程，我想世颖这本书的诉求很简单，希望成为创业女性的理性思考圣经。

### 大不了去创业呗

几乎每周都有女性朋友与我聊一个话题——职场现状真让人不满意，我去创业吧！此刻，咖啡馆中，我旁桌的两个女孩，已经连续抱怨职场两个多小时了，最后洒脱地甩下一句：“大不了去创业呗。”

一般对于这个话题，我会先问，你适合创业吗？

问后，换来的常常是几十秒钟的语塞。她们中的大多数不敢贸然回答，因为她们并不清楚真实的创业，仅仅想以创业的方式来改变一下不够完美的自己。

总之，在她们心中，创业远比做个知足的白骨精容易得多，想移开那头顶“不安分”的天花板随时都可以。我刚刚辞职的时候也这样想。

**除了热情和信念，伴随创业而来的还有寂寞和压力**

走在创业这条路上一年，我太清楚创业者总会以什么样的眼光检视自己；我太明白这条路陪伴你的不只是热情与信念，还有99%的寂寞与压力。

创立TOP HER的第一天，我就倍受打击——我的合伙人不干了，我找不到办公室，我不知道一个创业公司、用我自己的钱该给我的朋友们开多少工资，甚至我不知道该怎么给初建团队分工。

创业后我第一次抱着儿子参加一个女性派对，那里没有一张熟悉的脸，跟以往每走半步就有人聊上几句差别很大。有位全职太太很直接地瞪了我一眼，哦对，我似乎太随意了，她至少花上3个小时装扮自己出门。我突然意识到，除了专业，女性创业还需要从一个基本的女人开始做起，没有人有义务透过连你自己都毫不在意的邋遢外表，去发现你优秀的内在。

我不再是那个一直很自信的只关注专业的传媒人了。

有一次，我的财务经理指着我很轻蔑地说了一句话：拜托，你能不能更新一下你的财务常识。甚至直到今天，我还在电话中追着我的律师和财务顾问，学习我从没在意过的经营细节。

这样的患得患失，从头来过，每天的磕磕绊绊，对于那些还在憧憬创业的“白骨精”来说，很难体会。

**并不是所有女性都适合创业**

说实话，不是所有女性都适合创业。太多人只看结果，却忘了看他人爬坡的过程，请记得，就算是再大的公司也要从某处开始。这想法很危险，他们并不愿意了解从无到有的变量，总是把一万个小时，归咎到一句——总之她拿到投资，一夜成名。当好与不好被贴上标签，梦想变得越来越狭隘，人生的路只剩下一种“成功”想象，她们想的创业大多风光无限，兴旺家业。

打开的天花板并不像是在变魔术，反而比较像是球掉落了一地。

我并不想拿我为儿子准备好早餐前，6点已经起来做完瑜伽，而几个小时之后漂进公司的故事来娱乐你。而这些正是我曾经和当下的日常：破晓时把自己从床上挖起来处理邮件，吃一点从外套口袋里找到的巧克力，堵了一路车走进各个咖啡厅听着各种女孩子们的头脑发热，还得抓紧缝隙时间认真地做个指甲……艰难与欢乐，我正在享受这样的过程，我也希望更多的人能坚守并体会着这份真实的心路。

**创业不简单，但绝对值得去做**

关于创业，Art Williams 曾说过一句话：“我从未说过很简单，但这一切绝对值得。”是啊，这就是我的现在。

世颖这本书是 TOP HER 女性系列书籍的第一本，TOP HER 是中国首家女性商业财经平台，创业之初，决定平台的名字叫“TOP HER”，也是希望她成为全球经济崛起的商业历史记载者。

世颖是 TOP HER 全球女性创业首席导师，她在经历过 3 次创业之后，决定回归职业经理人道路，这样的人生经历，这样的年纪，在我看来是无比难得。分享她的故事、她的经验必定会给更多期待创业的女性更加真诚与理性的回答。

当然，如果你读过这本书，理性地放弃了创业这个想法，同样很棒，你已经顺利地完成了重新认识和解构自己的过程。2016 年，我已经在 TOP HER 平台上看到太多女性由于创业压力患上抑郁症、刚刚分娩就离婚、离家出走等事件，如果创业惊扰了你本该有的生命的平静，使得生活更加不完美，那又何必呢。真正限制我们的只有自己，无论去做什么，保持好奇心，不断使自己完美就够了。

让我们把抱怨世界的力气，拿到投资自己身上，世界正新鲜，我们正年轻。

# 自　序
Preface

## 写给徘徊在创业<br>十字路口的你

再不创业就老了。

在职场打拼了十到十五年的女性，经常处于一种提前到来的“中年危机”之中。四十岁以后该怎么办？这个问题经常困扰着这些靓丽干练的白领精英。到了那时候，还有精力和体力这么拼吗？到了那时候，还能够晋升到高层的位置吗？到了那时候，自己会不会被公司抛弃，被那些更年轻的后辈取代？

职场是一个金字塔，二十多岁到三十多岁是一个职场人的黄金期。在这个时期，只要你有能力，肯努力，就会上升得特别快。而一旦做到中层的位置，你就会发现，上升的通道变窄了。没有位置，你再努力也没有用，你需要抓住每一个稍纵即逝的机会，还需要一些运气，才能艰难地向上迈一步。但就算升到高层又怎样呢？更大的压力，更多的挑战在等着你。

环顾周围，你会发现原来的同路人像流云一样星散了，奔向不同的方向。有人去创业了，有人在不断跳槽中完成自我升值，有人回归家庭相夫教子，有人找了个钱少事少安安稳稳的工作，也有人逃离了职场寄情山水……不同的人，有不同的活法。

当你发现你的上司居然比你还小的时候，当你发现工位上都是年轻稚嫩面孔的时候，你很难不产生危机感。创业，这个念头是不是总会在这个时候冒出来，却又被你压下去？是要继续这样朝九晚五按部就班地工作，期待一个奇迹般的转折，迈上一个更高的台阶，还是索性破釜沉舟，脱离现有的一切，去开辟一条全新的道路，把职业变成事业？

创业还是打工？

这个问题是不是一直在困扰你？这毕竟是影响你未来全部人生的重大决定，谨慎一点是没错的。也许看完这本书，你会有豁然开朗的感觉，发现你内心真正想要的东西，做出最符合你需求的选择。

这本书并不教你怎样创业，只是帮助你盘点资源，梳理思路，和你一起评估一下你是否适合创业。而后帮你在创业道路上树立几个路标，“此路不通”，“前方急转弯，请慢行”，“距离加油站2公里”……从而让你走得更加顺畅。我没有为你指明道路的神通，只能以闺蜜的身份给你一些忠告：“这样不行，会出问题……我吃过亏，你千万不要犯我犯过的错。”

希望这本书能帮你想清楚创业这件事，了解他人的一些创业经验，让你能在更高的起点上起步。祝福你能够在创业路上一路顺风，到达我无法企及的高度，在事业的顶峰接受我的仰望与祝福。

**王世颖**

# 目　录

# 第一部分

# 评估你的创业基因——创业，还是转职

工作中总是有很多不如意。严苛的老板，难搞的客户，笨拙的下属……这些都让你心烦、心塞、心累。每天早上起来，唯一的念头就是“不——想——上——班”！天已经黑了，而你还在忙碌，还有很多事情没有做完。那种脑子要炸裂的感觉，让你想逃。

每当这个时候，总有一个念头从内心深处闪现：“姐不干了，姐要创业！”

这是一个很好的想法。已经有越来越多的女性加入了创业大潮，其中很多人都取得了相当不错的成绩。你完全可以成为她们当中的一员。

但是，并不是所有的想法都有实现的可能，想法从产生到实现，还有很漫长的路要走。先别急着摔鼠标、递辞呈，先跟着我一步一步，去看看创业路上会遇到哪些坑，哪些坎儿。

我有过三次创业经历，但都不是很成功，当然也不算太失败，只是没有像那些创业明星一样赚到大钱而已。然而成功的创业经验网上到处都是，你随时可以搜到那些成功者光环闪闪的经验分享。但是肯分享失败体验的人，却寥寥无几。

“善用兵者，不虑胜先虑败。”了解别人遇到的问题，可以让自己少受挫折。我希望我犯过的错，我蹚过的雷，你可以躲过。我也希望，我告诉你的这些事，能让你的创业更顺利一些，离成功更近一些。

# 第 1 课　你真的厌倦了现在的工作吗

我知道，你现在的工作状态可能并不太好。

工作让你劳累、紧张、烦躁、沮丧……这一切充满了挫败感。换句话说，你已经找不到工作的激情和刺激了。也许身体也向你发出了警告，头疼、头晕、腹泻等小毛病已经找上了你。或者你对现状十分不满，感觉有劲使不上，工作上的成就无法让你兴奋。甚至你遭遇了玻璃天花板，无法进一步突破。你可能确实需要一些改变才能摆脱这种状况，但是这个改变不一定是创业。休假、换岗、换工作也许是比创业更适合的解决方案。

那么，现在就跟我一起来评估一下你到底哪里出了问题，以便我们能找到最好的解决方案。评估的方法很简单——让你的心灵做一次瑜伽。

我们要确认，你真的很厌倦现在的工作吗？还是只是一时的想法？

验证这一点很简单，随便哪个早晨，当你有了“不想上班”这个念头的时候，就打电话请个假。一个人静静地躺在家里，不要看手机，不要看电视，不要听音乐，不要做任何事，就这样静静躺着，可以睡觉，也可以胡思乱想，看你能坚持多长时间。

如果你只坚持了不到半小时就跳了起来，觉得公司离了你就倒闭了，地球离了你就不转了，百爪挠心地一心想要飞奔到公司，那就去吧！你目前的工作可能并没有什么大问题，只是遇到了暂时的麻烦，或许什么都不用做，时间会解决一切，一两周以后，你又会变成充满干劲儿的“白骨精”。

如果你不知不觉地睡着了，而且醒来后充满幸福感，我想你只是太累了，抛开工作，为自己放个假吧。找个风景优美的地方在酒店里窝上一个星期，暂时把工作上、家庭里的麻烦事忘掉。回来之后，你就会收获一个全新的自己。或者，回来之后再来评估要不要创业，会更准确一些。

如果你能够这样一直躺下去，一个小时、两个小时，脑子里想的全是工作上的事，但是又并不想起身前往公司，那可能真的是你的工作出了问题，或者说你的工作环境出了问题，你需要换岗，或者干脆换一家公司。你有没有要更新简历的冲动呢？如果有的话，那就起来做吧！

如果你在躺着的时候，脑子里已经开始规划一个全新的职业状态：开个小店、开发个很特别的产品……实现自己一直以来的梦想，或者就是在自己最精通的领域另起炉灶。如果你已经在考虑每一个细节：产品、市场、合作伙伴，甚至开始想象成功之后自己的状态，那么还等什么，起来创业吧！

但是，创业毕竟是一件大事，你需要放弃现有的一切，从零开始开创事业。那么，现有的一切是否真的能让你弃如敝屣？你做出这样的决定会不会后悔？聆听完自己内心的声音之后，我们还要做一个客观理性的评估。

“钱多、事少、离家近”，是我们通常所说的“好工作”的标准。你现在的工作到底是好还是不好？是不够好还是也没有那么不好？我们需要一些更细化的标准去评估。

第一步要评估你所在的公司：

（1）离家远近；

（2）行业知名度高低；

（3）老板人如何；

（4）公司硬件环境好坏；

（5）公司福利好坏；

（6）公司氛围和企业文化好坏；

（7）公司管理有序与否；

（8）公司同事素质如何；

（9）公司女同事气质优雅与否（这一点对女性很重要，很大程度上会影响你对自己外貌和气质的重视程度）；

……

第二步要评估你目前的工作：

（1）薪水如何；

（2）职位是否满意；

（3）工作累不累；

（4）直属上司人如何；

（5）直接接触的同事能力和人品是否满意；

（6）能否驾驭目前的工作；

（7）能否从工作中获得成就感；

（8）能否从工作中学到更多知识和技能；

（9）是否有晋升空间；

……

评估按照上面这两个步骤进行，每个步骤又有很多小项，你可以对每一项逐一打分，分值为1～5分。打分的参照标准是：1分是你见过的最差的情况，5分是你见过的最好的情况，然后去衡量你现在的状态处于几分。请注意一定要以“你见过的状况”作为参照，而不是以“你想象中的状况”作为参照。客户的公司、朋友的公司都可以作为参照。

当然，上面列举的这些项只是抛砖引玉，你可以根据自己的情况自行添加或删减。

打完分，先不忙着累加。看看哪一项对你来说是最重要的，把那一项的分数乘以2或者更高的系数，这根据它在你心中的重要程度而定。如果你并不能找到最重要的一项，也可以跳过这一步。或者你觉得有 2～3 项对你来说都非常重要，难以取舍，也可以将它们的分数都乘以 2。

将每一项的分数累加，如果最终分数为总分的 60% 以上，说明你对目前的工作状态还比较满意，如果放弃了，可能会后悔。你可能需要认真考虑一下，令你不满意的问题到底出在哪里。尝试着去解决它，而不是重新开始。如果你对公司还满意，可以考虑调换一个岗位；如果你对工作内容还满意，可以考虑换个公司。

如果分数低于总分数的 60%，则说明公司和工作没有一样令你满意，那就认真考虑一下创业的事情吧！

这个测试其实不是一锤定音的指路明灯，而是在帮助你整理思路。其实在抛出硬币的同时，你的内心已经做出了决定。如果测试的结果和你内心的决定是相反的，你会感到焦虑和烦躁。没关系，再做一次，找找你遗漏了哪些重要的指标。如果你看到测试结果一瞬间的同时获得了内心的平静，那才是你真正想要的结果。

## 第2课　你是否受够了给别人打工

很多人在描述她们创业初衷的时候，都很喜欢说一句话："我受够了给别人打工！"也许后面还会跟上一大堆抱怨："老板弱智，不尊重人"，"同事白痴，如果我是老板我早就把他开了"，"公司战略方向错误，没抓住机会，如果我是老板，这一波早就赚翻了"。

其实老板之所以成为老板，必然有一定的能力，有他的独到之处。就算是含着金汤匙出生的富二代老板，也并不是一无是处，至少不比你傻。作为基层、中层、高层员工，有时候会觉得老板的某些决策很傻很天真，其实事实未必是这样，产生这种误判的原因可能有两方面。

一方面是你掌握的信息不够。譬如你觉得这是一个不可多得的大单，只要拿下来就能赚很多钱，老板死活不拿，简直就是有病。可能实际情况是，拿下这个单子需要500万元流动资金，而公司账上没有多少钱了，还有很多其他事情制约着，让老板很难下决心去筹措资金来冒险。但老板绝对不会对你坦承公司存在这些问题，你也无从得知。

另一方面是看问题的角度不同。一个玻璃杯放在玻璃茶几上。从茶几下面看过去，你看到的是一块圆形的玻璃；从侧面看过去，你看到的是一个长方形的轮廓；从斜上方看过去，你看到的是一个有容积的圆柱体杯子。匍匐在茶几下面，无从想象这个杯子有多深，可以装多少水，甚至搞不清楚这到底是个杯子还是圆形的眼镜片。而从杯子侧面，也很难准确判断杯子的容积，另一侧的杯壁是否有裂缝和缺口。只有站在高处，才能对这个杯子做出更为全面的判断。也就是说，基层员工对于公司某项事务的判断，可能连“是什么”都是错的；中层员工可能只知道“是什么”，无法正确判断“好不好”；而老板的角度才是最全面的角度。因此三者对同一件事的判断，会出现天壤之别。

当你作为员工的时候，认为老板做出了很多“犯傻”的决策，并不意味着你比老板聪明，当你做到老板那个位置之后，面对同样的情形，你可能也会做出同样的决策，因为你需要考虑的东西更多。有时候基层员工对于老板决策的意见，在老板看来都是“何不食肉糜”式的，连饭都吃不起，哪有钱去吃肉糜？换位思考是个好习惯，无论是做员工还是当老板，如果能站在对方的角度想一想，就更容易理解对方的想法，沟通起来也就更顺畅。

你当了老板，未必比其他老板更优秀。如果你已经了解了这一点，依然坚持创业的话，接下来你要考虑的问题则是：你因为“受够了给别人打工”就要创业，那么你想从创业中得到什么？

如果你只是想享受当老板的感觉；享受员工在你面前唯唯诺诺，大气都不敢出的满足；希望出门有助理拎包，有司机开车，走路带风，气场十足……就像你曾经深深厌恶过的那个暴发户老板一样，那么你创业的成功率真的不会太高。如果你有钱，有时间，一定要这样玩一把，那就祝你好运吧！

创业是什么？创业是有那么一件事情，你非常想去做，想要自己完全掌控这件事，想从无到有把它做成，并最终享受成功的喜悦。创业就像怀孕，那个念头像个胚胎，它就在那里，自己默默成长，直到成熟，你被它驱动着，水到渠成地把它生产下来。

创业的本质就是做成一件事。

“做成一件事”的驱动力是积极的，开创性的；而“受够了给别人打工”则是消极的，逃避式的。我从没听说过某个成功建立在逃避的基础之上。基于逃避心态的创业，最终会因为被残酷的现实狠狠打脸而失败。而后你只能老老实实回到既定的轨道上，重新做回安安分分的上班族。

还有一盆冷水，我必须在这里浇下去，那就是：你在职场，只需要面对一个或者几个“老板”，譬如你的直属上司、你的大老板。即便是那种多头汇报的岗位，汇报对象通常也不会超过五人。而当你开了一家公司，真正当上了老板，你会发现你需要面对的人不是更少了，而是更多了。工商、税务和银行，消防、公安和卫生……这些是比较常见的，另外，每个行业还有各自的主管部门，需要各种五花八门的资质和许可。

譬如你要开办一家手机游戏运营公司，注册资金至少要1000万元以上，还不能是外资。同时还要取得两个资质：第一个是“网络文化经营许可证”，就是我们通常所说的“文网文”；第二个是“增值电信业务经营许可证”，就是我们通常所说的“ICP证”。在你的每款游戏上线的时候，你还要申请这样几项东西：软件著作权、游戏出版物号、文化部备案。其中每一项都需要一大堆前置条件，而这一大堆前置条件可能又牵扯了一批需要你花时间和精力去办的事情。这个过程并不比给别人打工轻松，而且你全无退路，因为你是创业者，下面一群员工都在眼巴巴地看着你，无论遇到什么困难你都要硬着头皮走下去。

其他行业需要的资质和游戏行业不同，但是数量上不一定比游戏行业少，有的行业甚至更为严苛。

当然，你可以说这一切都可以去找代理、找外包搞定，只要花钱就行。但实际操作起来却没有那么简单。譬如说，你所在的城市刚刚发生了一场重大火灾，全市正在轰轰烈烈开展消防大检查，而你租的那个小办公室已经装修完毕，但是由于结构、设计或者房产属性的原因无法通过消防验收。这种情况小办公空间尤其常见。这时候，代理很可能会两手一摊，表示无能为力。你要么换另外的办公室，要么重新装修，但不管怎样总要多花上几个月的时间。

如果你希望能省点儿钱，打算亲自一项一项地去跑这些事情，那么恭喜你！你选择了地狱难度的副本，你将面临在过往打工生涯中从未遇到过的最严重的挫败感，而且还有很多很多的坑在等着你去跳。

或者你会觉得，这些事情可以交给你的合伙人去解决。这个想法很好！我可以保证，你的合伙人也是这么想的。这是你的公司，不是你合伙人的公司。是你在创业，你是公司的大股东、法人代表、CEO，这个包袱你很难甩到别人身上。

又或者你会期待能招到一个很有经验的员工，帮你解决这一切问题。关键是招到这样的人哪有那么容易！况且在公司注册手续还没办下来的阶段，你只能凭借人脉关系去招人。如果这个人非常有能力，能高效娴熟地做完这一切，那么这样的人，为什么要到一家创业公司工作？你给了别家三倍以上的薪资？还是给了原始股？如果他真是愿意不求回报地来工作，你可能就要考虑他是不是有其他目的了。

回想一下本章开头的那个关于玻璃杯的例子。从员工的角度想，事情这么多，我是拿工资的，很快完成工作对我来说没有什么好处，我为什么要做得这么快？但是从老板的角度出发，当然希望一切手续和资质越快完成越好，不要耽误公司的正常业务。两个人的出发点就不同，所以你就不能指望员工按照你希望的进度把事情尽快做完。他可以找出各种理由告诉你，这事急不得，反正你又不懂。

说这么多，不是要吓唬你，而是提醒你不要把创业想得过于简单。也许这一切对于一个有创业经验的人来说不算什么，他已经驾轻就熟，但对于第一次创业的人来说，它就像一座大山，让人无从下手。就好像每个女性在生第一胎的时候总不免紧张忐忑，因为要面对的事情太多太烦琐，而且每一件事情都是新的。而到了生第二胎的时候，大部分人就可以云淡风轻了。创业大抵也是如此，开创新的事业和孕育新的生命，在某些方面有着惊人的相似。

## 第 3 课　创业会让你更自由吗

很多准备创业的人，在憧憬未来创业生活的时候，都会幻想着“创业会让我更自由”。看上去是这样，再也不用打卡，再也不用写工作汇报，再也不用休息日一个电话被叫到公司加班，可以睡到自然醒再去上班，带孩子打预防针或者给车做保养也不用请假了，出去旅游也不用精打细算年假够不够了……，因为我——是——老——板！

呵呵，请容许我发出一声冷笑，然后告诉你一个残酷的现实：绝大多数创业者一年到头根本没有时间休假！有一张照片在网上流传很广，就是那张当当网 CEO 李国庆抱着吃奶的孩子，在电脑前工作的照片，这才是大多数创业者最真实的写照。

创业不是更自由，而是更不自由。

你虽然不需要向上司汇报了，但是你要对员工负责，对股东负责，对董事会负责，对合作伙伴负责，肩上的担子不是更轻了而是更重了。在公司打工，你只需考虑每月能不能按时领到工资就好；而当了老板，就要操心所有人的工资能不能按时发，下个月中秋节的员工福利和商务礼品是否准备好了，目前这款产品的销售怎么样，下一步市场营销的重点是什么，还有应收款项、库存、招聘……

记得我在第九城市公司工作的最后几个月，失去了《魔兽世界》的第九城市裁员已成定局，公司里很多中高层都在积极讨论创业的事情。

在上海的第九城市总部，一个和我关系很好的总监问我："你看我们部门现在单独租着一个办公区，和总部不在一个楼，部门预算也是单独结算的，是不是和创业没有区别？"

我指着他工位上的一盆绿植问他："这花是租的还是买的？价格多少？几天养护一次？来养护的人是公司行政部的人还是绿植公司的人？"他答不上来。还有财务、人事、法务、公关，甚至最简单的年会，总部都有专人去办，根本不用他操心。

他又问："那你全权负责北京分部的事务，应该跟创业没两样了吧？"

还是不一样的，报税、机房、银行开户、各种资质的年检，同样不用我操心。就拿最简单的协议酒店来说，如果我是一个创业公司的小老板，根本不可能和那些大酒店签下协议，那样我要住同样的酒店就要花更多钱。

最终第九城市北京分部裁撤的时候，总部派来了一位行政经理，只用了一天的时间，就盘点完了数额巨大的固定资产。这个工作没有太多技术含量，但专业和不专业的差距还是很大的，如果我自己做，可能需要一周。一个足够大的公司，总能在每个岗位上吸引到足够优秀的人才，他们所提供的最专业的支持，是你创业时享受不到的奢侈。

创业，让你从借东风的诸葛亮，变成了唱空城计的诸葛亮；让你从在国家大剧院演出，变成了在天桥撂地。之前那些跟你并肩战斗的伙伴不见了，那些为你默默提供支持的人也不见了。创业不会让你更自由，只会让你深陷在各种琐事中无法自拔。

没错，你可以雇佣一些人做这些事，但是与此同时，你要花对等的时间去招聘、遴选和管理他们，这并不比做具体的事情轻松。很多时候，你一句话没说到，员工就做出了令人啼笑皆非的奇怪事，如果你有一定的管理经验，相信很容易理解这一点。创业唯一不同的是，你发给下属的薪资，是你自己的钱，因此你对员工的容忍度，会比打工的时候更低。

我第一次创业的时候，经常抱怨招来的人素质都不高，推一推动一动，事不关己高高挂起，就算是公司着火了他们都不会打 119 报警。后来我渐渐明白了，这就是员工的常态。“积极主动”四个字，被很多大公司作为企业文化的核心喊了很多年，它为什么这么重要？因为员工做不到！我做员工的时候之所以还能做到，是因为我创业次数太多，经常忘了自己的角色，串了戏，我用自己的标准去要求一般员工是不对的。

创业就像推石头上山，你推，它都不一定动，要使劲推才行；若你不推，它非但不动，还会滚下来压死你。这就是很多创业者不敢休假的原因，你一天不来公司，第二天再来，你会发现所有工作都没有进展，都在等着你去推。创业公司就像一个未满月的婴儿，吃奶、排泄、睡觉……什么都要你来做才行。小婴儿的妈妈会有自由？就算你自己没带过孩子，也见过带孩子的吧？那种一时不在眼前就惶惶不安的感觉，只能是更深重的束缚，而不是自由。

很多女性对于创业都有一些不切实际的憧憬，认为一旦开始创业，就实现了身心的自由，创业成功，就实现了财务的自由。这其实是错的。你在丽江，在一个小客栈里住得很舒服，看店主每天煮咖啡，炒菌子，一派悠闲，岁月静好。于是就认为开客栈的感受和你住客栈的感受一样，那就大错特错了。你在外面逛街的时候，店主可能在通下水道，挽留要离职的大厨，因为客房失窃而接待警察，请求房东宽限几天房租……这些你都没看到。甚至你正在逛的那条街，离客栈只有一公里，店主都不曾好好逛过，因为他不自由。

也许有一天，你的公司大了，强了，队伍带起来了，进入稳步发展的轨道，账上有钱，各条业务线有人才，有流水有利润，有名气有口碑，那时候，你不仅获得了财务自由，也可以获得你之前所憧憬的自由，不过那时候，你的公司已经不再是创业公司，你也不再是创业者了。

# 第4课　离开了平台你是什么

网上曾经有个很流行的鸡汤，叫作“离开位子，你是谁”。说的是在一座寺庙中，一头用来驮佛像的驴子经常被众人膜拜，它自以为了不起，就离开寺庙下了山，但这时候人们不仅不再膜拜它，还会因为它挡了路而殴打它。

这碗鸡汤经常被用作企业培训的内容，用来告诫员工不要轻易跳槽——离开公司，你什么也不是。抛开鸡汤的成分，这个问题倒是很值得我们认真思考一下。

曾经有一个游戏行业大公司的女高管，每次行业会议都姗姗来迟，高跟鞋嗒嗒响，气场十足地在众目睽睽之下走入会场，后面跟着的助理拎着包，拿着衣服，倒腾着小碎步，一鼻尖的汗。每当茶歇的时候，一大群人立刻涌到第一排，争着和这位高管换名片。后来这位女高管自己出去创业了，一开始轰轰烈烈，后来渐无声息。几年之后，在这家大公司的发布会上，我又看到了这位女高管的身影，披着个披肩，坐在第八九排的位置，神情娴雅而落寞。而台上演讲的，正是她当年的助理。那位曾经的助理一下台，又是一群人围上去换名片。剧本还是那个剧本，剧场也还是那个剧场，换了的，只是台上演戏的主角。

有人会说，这样的情景太常见了，不管是谁，只要离开了背靠的那棵大树，都会从高昂头颅的藤，变成匍匐尘埃的草。其实并不一定。很多时候，一个人的价值在他离开某个组织之后体现得更为明显。马拉多纳之后，再没有一个超级球星带领阿根廷夺得世界杯，离开了马拉多纳的意大利那不勒斯队，也一度降到乙级，沉寂了整整 20 年。个人能力和声望大于整个团队品牌和实力的例子比比皆是。

我曾经在台湾大宇资讯的大陆分公司工作过 4 年时间，创作了《仙剑奇侠传》系列游戏中的 3 部作品，其中包括名噪一时的《仙剑奇侠传三》，这部作品是整个《仙剑奇侠传》系列作品中承上启下的开创性之作：系列中第一部 3D 游戏，第一次完善了世界观，第一个大规模进行社会化营销的国产游戏……我不敢说这部作品空前绝后，但它之后的“仙剑”历代作品，没有一部有这样巨大的跨越式发展。今天，我离开《仙剑奇侠传》这个品牌已经有十多年，但我依然活跃在玩家和粉丝群体当中。实力和产品，是最好的扩音器，可以让你的声音绕梁三日，十多年长盛不衰。

所以，创业之前，要先来盘点一下，你取得的职业成就，你目前的业务，哪些得益于你所在的公司，那些属于你自己。

首先我们来想象一下，如果你去相亲，介绍人会怎样向对方介绍你？抛开相貌、年龄、身高、体重等硬指标，剩下的不外乎是学历和工作两个标签。你毕业于某所著名高校，你的学历是硕士、博士，是两个经常被用到且拿得出手的标签，介绍人应该会强调一下；如果只是普通的本科或专科，介绍人估计会一笔带过。至于工作，如果你在世界五百强工作，或者你所在的单位尽人皆知，我想介绍人一定会强调你所在单位的名字；如果你的工作单位没有这么显赫，介绍人会说你所在的行业和具体的工作，譬如房地产行业的市场人员，广告行业的美术设计等。

一个合格的婚姻介绍人，总会挑出你人生中最显赫、最能提升你身价的符号作为你的标签。其实在商业上也是如此，在商务场合，如果对方是大公司的高层，我们总是很容易记住对方的头衔和公司，接下来才是名字；但如果对方的公司不知名，头衔也不高，我们反而更容易记住他本人的信息，包括名字和长相。

在接下来的一周当中，你做每一项工作的时候，都可以这样问自己：我现在做的这件事，是公司带给我的吗？如果我自己去创业，也能做到这件事吗？能不能接下这个单子？能不能和这么显赫的商业伙伴合作？能不能接受这家媒体的采访？能不能在这种规格的会议上发言？如果有可能，那么可能性有多大？

也许一周盘点下来，答案会让你感到沮丧，可能你的大多数业务，都和公司的品牌知名度相关。这并不奇怪，因为绝大多数行业都不像文化创意产业那样具有明星体制，可以让制作人成为名人。公众可能更愿意去了解这款游戏是谁策划的，那部电影的编剧是谁，但是不一定愿意知道“嫩牛五方”是谁的创意，或者某个爆款服装的面料纹样出自谁的手笔。但即使是这样，我们依然可以在“行业内”经营自己的个人品牌。

曾经有一次，我即将离开当时所在的公司，我把这个消息告诉了几个关系比较好的合作伙伴，其中一个跨国公司的总监对我说：“如果你离开，我想我以后再也不会跟你们公司合作了。”我觉得这句话可以当成是对我这段职业生涯的褒奖。

那家公司的总监为什么这么信任我？其实只有一个原因，就是我从来不放别人鸽子，也从来不迟到，答应别人的事情，一定尽全力做到，如果做不到，会如实说明，诚恳道歉。

守信守时是职场上最优秀的品质之一，也是最容易做到的。两个约会之间尽量空出足够的时间。万一发生交通事故、交通管制等特殊情况，要在约定时间到来之前，及时沟通自己面临的状况，并预计迟到时间，如果这个预估出了偏差，还要再次沟通，做出解释并道歉。差 10 分钟就能赶到的时候，再次提醒对方，让对方有个准备。这一切最关键的就是，不要撒谎！最令人无法容忍的行为就是明明还在卫生间涂粉底，却告诉对方还有两个红灯就到了，一旦这种谎言被揭穿，你的商业信誉就会跌入谷底。

出席各种会议和活动的时候，如果你不能保证全程都待在那里，那就一定要提前到，提前走，千万不要既迟到又早走。迟到但是全程撑到最后也不是一个很好的选择。因为大部分会议和活动的主办方，往往都是很忐忑的，最怕的情况就是来的人稀稀拉拉。如果你是最早出现的一批人，他们更容易记住你，对你也抱有感激之心，认为你给面子。如果你是坐在第一排的重要嘉宾，早早地坐到座位上比待在休息室要好，让所有人都看到你是最早来的。在等待开场的这段时间，其实非常适合进行一些商务交流，和其他嘉宾寒暄几句，交换名片，气氛会比较轻松。而散场的时候往往比较乱，又有很多人提前离开，则不是很适合做这些交流。

如果你迟到了，你会在众目睽睽之下走到第一排坐下，所有人都看见你迟到了，就算你坚持到最后，“迟到”这个第一印象也不会从人们心中抹去。再多说一句，这种场合，既然来了，就认真一点，把目光从手机上挪开，积极地和台上发言的人进行视线交流，该鼓掌的时候鼓掌，这也是刷人品的一种好方法。

一旦你在行业内部拥有了“守时”这个标签，“靠谱”和

“值得信任”这两个标签也会随之而来。你所在的公司可没有守时不守时这一说，所以这就成了你个人的品牌价值。

很多人在商场上，经常有“用人朝前不用人朝后”的心态，尤其是作为甲方，对于没有达成合作的公司或竞标失败的公司，常常弃之如敝屣，态度非常冷漠，总是认为将来有生意他们还会招之即来，谁会跟钱过不去？殊不知，钱是你公司的，而商业信誉是你自己的。就算为了钱人家下次还跟你合作，但是对方体验到的不尊重是你给予的而不是你所在公司给予的。尊重每一个商务伙伴，广结善缘，只有这样，离开平台，你才有可能冲上云霄。否则，平台一撤，你就会直落深谷，再往上爬可就无处借力了。

创业就是脱离开你现有的平台，一切靠自己。如果你自己没有一点积累，全靠公司品牌知名度才能做到现在的成绩，那么创业对你来说，难度至少提升了一级，你未来将会遇到的挫折，也可能超出你的心理承受能力。不过不要紧，从现在开始经营你的个人品牌，还来得及。往下看，会有一些实用的方法。

# 第 5 课　你的血液中是否有创业基因

其实创业只是要回答三个问题：你是谁？你要做什么？为什么你能做成？

第一个问题，上一节已经做了说明，第二个问题，后面要用整整一章去讲，而第三个问题，就和创业基因相关。

我在最近十年的工作经历中，经常参与公司战略投资的投前评估工作，也接触过大量创业者，我的好闺蜜当中，也有很多正走在创业的路上。就我的观察而言，不具备以下素质的创业者，成功率会非常低，这些素质，应该就近乎创业基因吧。

**爱“张罗事儿”且追求完美**

这两条必须在同一个人身上体现。

在每一个公司里，我们总能看到有一些人积极参与各种事务，不管是不是自己分内的。换句话说，他们对于周围的各种事物充满了好奇心和探索欲望，这会让他们总能找到新思路和新灵感去应对环境的变化。

创业做老板，就意味着公司里找不到既定归属的事情，都由你来做，上至年检，下至疏通卫生间下水道。如果你对这些“没有技术含量”又很繁杂的事情拖拖拉拉，最终这些事情会滚雪球一样越滚越大，你的公司也会像三个月没洗澡的宅男一样，散发着腐臭的味道，令员工退避三舍。试想连空调和马桶都背叛了你，你还怎么指望员工忠心呢？如果你只喜欢做你专业领域的事，类似 CTO（首席技术官）一类的创业合伙人可能是你的最佳选择，当大老板并不适合你。

当然我们也会看到一些爱“张罗事儿”的人，对任何事情都是浅尝辄止，稍微做一做就丢开做下一件，尤其是大公司里，经常会有这种从来不把项目做完的中层甚至高层人员。对于大公司来说，这些做了一半的项目或者是做完了但是做得不够完美的项目，最多算是个脂肪瘤，割掉不是麻烦事，留着也无伤大雅，毕竟公司大，抗风险能力强。但对创业公司来说，这就是癌症！你不把一件事情做完美，你的公司就没法发展起来，它还会吃掉你最宝贵的资源：钱、人、时间和稍纵即逝的机会，小公司可禁不起这样的折腾和浪费。这有点像是一个默默无闻的跳水运动员和跳水皇后竞争，做一样的动作，前者必须做到极为完美，才有可能取得和跳水皇后一样的分数。

在创业的路上，如果一件事情没有做完做好，那么一开始就不应该做。

**有同理心**

我认识一个创业者，背景不错，团队不错，产品也还行，就是总也拿不到投资。什么原因呢？我观察了一次他和投资商的谈话，立刻发现了问题所在。

这个创业者是项目经理出身，在他内心中一直没有摆脱项目经理这个角色定位。他对投资商说起他的项目来，滔滔不绝，眉飞色舞，战斗系统比《魔兽世界》怎样怎样，社交系统比《梦幻西游》如何如何……二十分钟之后，投资商显得有些不耐烦。早已不耐烦的我，也在桌子下面悄悄踢了他一脚。他似乎意识到了什么，开始谈起了融资额度、出让比例、估值、未来发展等投资商更感兴趣的内容，然而仅仅过了半分钟，话题又回到了 PVP（Player Versus Player，指游戏中玩家与玩家之间的互动）和 PVE（Player VS Environment，指游戏中玩家与游戏程序之间的互动）上面，完全忘了对面坐着的是 VC（Venture Capital，风险投资）。当然，最终的结果就是，他依然没有拿到投资。

这位创业者显然缺乏基本的同理心。VC 投资你，目的是获利，你要站在他的角度去考虑问题，告诉他你现在投资多少，未来可以获利多少，有哪些退出途径。然后再用一些强有力的论据，去证明你的这些说法。投资者其实并不关心你的游戏怎么设计，大多数情况下他甚至根本不懂游戏，他只懂赚钱。

一个有同理心的人，能够分别站在员工角度、合伙人角度、投资方角度和商业伙伴角度去考虑问题，满足他们的需求，甚至为他们考虑得比为自己还周到，这样的人周围，就会有一大批死心塌地的追随者，也会遇到一大批愿意帮助他的人。这样的人，天生就适合当老板。

**有正能量**

也许，有的投资者会把这一条说成是有成功欲望，或者创业激情。但是，这两个词总能让人想到很多创业节目中经常出现的那种“妄人”，过度自信，自我膨胀。或者说，这两个词已经渐渐黑化了，不太适合去形容这一条创业基因。所以我另外选了一个词——正能量。

这里所说的正能量不是“我在马路边，捡到一分钱，把它交到警察叔叔手里边”，也不是弘扬爱国主义，而是一种积极向上、乐观进取的心态。

再举个例子，我的一个朋友，在 iPhone3 时代就开始创业，开发智能手机游戏，算是手机游戏行业的先驱者。

那段时间，他每当融资不顺利的时候，就开始向我抱怨：“根本没有人愿意投资智能机上的手游，嫌盘子小，都在投页游，每次要跟他们解释半天我的业务，苹果的渠道、分成和营收是怎么回事他们都听不懂。”

我每次都劝他说：“正是因为做得人少，你才可以奇货可居啊！你只要找到愿意投资手游的投资商，他可选择的余地不大，你获得投资的可能性就高啊。”然而他并不这么认为，依然抱怨连连，不停地从负面角度考虑问题。

过了几年，手机游戏行业风生水起，手游创业公司遍地开花，投资商像疯了一样，撒钱如同撒胡椒面一样毫不手软。这位老兄又来找我抱怨：“投资太难找了，随便跑一个会，一个投资商接到的 10 份商业计划书里面有 9 份是手游，竞争太激烈了。”

我又劝他说：“你应该看到，现在大部分投资商都愿意投手游了，这绝对是利好啊！你在手游领域的经验丰富，比那些新公司更有竞争力啊。”他依然摇头，不停地唉声叹气。

最终，他不出所料的没有成功，在手游行业起了个大早，赶了个晚集。他赢在了起跑线上，却输给了自己的心态。

负能量的人总是喜欢强调负面的东西，强调困难，而正能量的人则更容易发现优势。就像一个装了半杯水的杯子，负能量的人看到的是空着的那一半，感慨正是因为那一半空着，所以失去了很多机会。而正能量的人看到的是满着的这一半，仅仅是这一半就能做很多事，想着再努力一把，就会让杯子更满。

缺乏正能量的创业者，会错失很多商业机会，因为他们总是过分夸大困难。出了问题，他们也习惯于找客观理由，而不是总结经验教训，提升自己。人们都愿意和正能量的人交往，从他们身上获得鼓励和支持。所以正能量的人更容易团结团队，也更容易说服客户。

# 第 6 课　你处于最适合创业的阶段吗

经过了前面几关的洗礼，你或许已经打消了创业的念头，也可能更加坚定了创业的决心。如果你已经决定了创业，那么我们就开始下一步，看看你正处在创业准备期的哪个阶段。

我们还是用生育来比喻创业。你现在是处于备孕阶段？怀孕阶段？预产阶段？哺乳阶段？还是根本还没结婚，八字都没有一撇的阶段？

原则上，我不鼓励一毕业就创业，尤其是女性。社会经验和职业经验的不足会导致决策失误，同时也会让你上当受骗的风险大大增加。这不是性别歧视，而是一个客观存在的社会现象。一个商业上的骗子，不大可能找一个四五十岁有着多年经营管理经验的中年创业者下手。显然一毕业就创业的年轻人更容易受骗。同样是年轻人，骗女性比骗男性风险更小，毕竟骗子还要考虑遭遇暴力报复的风险，女性会使用暴力的可能性相对较小，伤害力也没有那么大。

我认为最适合开始创业的阶段，是你至少在职场打拼了三五年，至少经历过一家管理正规的大公司和一家初创公司的洗礼，大小是个主管，多少管理过几个人的阶段。这种情况下，你可以知道一家相对成功且运转良好的公司是什么样的，也知道一家创业公司会遇到哪些问题，有哪些特殊性。然后你再去开创自己的公司，就有了从创建到发展壮大的范本可供参考。当然，如果你已经有了十几年的职场经验，开始从而立走向不惑，则更适合创业。这时候，你所拥有的圆熟从容，将会为你的新事业增加更多稳定性。你的人脉和经验，也是你创业最宝贵的一笔财富。

当然，如果你是个应届毕业生，但是家里很有钱或者你能轻易拿到投资，你又愿意用这些钱和时间成本来试一把，我还是支持你的，毕竟创业很锻炼人，就像武侠小说中的灵丹和法宝一样，能让你的功力倍增，这笔学费交得值，可以一试。

管理经验也是创业必备的一种经验。从本质上来说，创业做老板，唯一的工作就是管理。如果你在别的公司已经有了一定的管理经验，自然可以少交很多学费。如果你已经做到了职业经理人的位子，再去做一家创业公司，就不会有太多管理上的问题困扰你，你之前服务过的公司已经替你交足了学费。

如果你没有管理经验，且目前所在的岗位也几乎没有机会获得管理经验，譬如你是一家小公司唯一的法务，或者总经理秘书，那该怎么办？其实你也不必太过担心，管理分为“管人”和“管事”两个方面，如果你无法从现在所在的岗位获得“管人”的经验，还可以多多积累“管事”的经验。

如果你还是一个学生，该怎么增加管理经验呢？

最简单的方法是可以通过家庭或社会活动间接获得。组织一次活动是最常见的方式，学生会活动、慈善活动、文体活动、旅游、婚礼等，都可以让你对管理，尤其是管理的“管事”部分，有一定的经验积累。

进行一次装修也是一场很好的管理实践，它几乎跟在公司管理一个项目没什么区别。你要管理预算，控制进度，验收质量，还要在各个团队之间协调：装修团队，橱柜测量安装团队，洁具及家具送货安装团队……你还需要对大量细节做出决策，这几乎就是一个项目经理要干的全部工作。

如果以上的管理你都接触不到，还可以尝试去管理一下保姆或小时工。别笑，管理保姆或小时工和管理助理其实没什么两样，她们是和你接触相当紧密的人，工作内容又非常繁杂，没有一定之规。管好她们也不是一件很容易的事情。而且，雇佣保姆或小时工还可以顺便获得招聘面试的经验，一举两得。

除了工作经验，物质积累也很重要。俗话说“钱是人的胆”，不是说人有钱了胆子就大，而是说人有钱就输得起，就敢于冒险，不怕失败，这一点对于创业很重要。创业是需要一些魄力和赌性的，有没有魄力和赌性与人的个性有关，也与经济实力有关。

从个人经济状况而言，“有房无债”，是开始创业的最好状态。因为房子的大门永远向你敞开，是你最后的退路。如果做不到这一点，你至少要保证：在没有任何收入的情况下，有维持家庭生活，不降低当前生活水准至少一年的积蓄。情况好的话，这些钱可以让你撑上两年，不好的话，节衣缩食一年也能撑住，这是最低标准。创业是一场冒险没错，但绝不能拿你和你家人的全部生活作为赌注。

经验和钱都有了，你还需要进行一些心理建设。毕竟是第一次，你对创业一无所知。很多事情，你想象得挺好，实际做起来完全不是那么回事儿。为了避免这种“理想很丰满，现实很骨感”的落差，你有必要做一些积极的准备。

多读一些别人的创业故事是很有好处的，在网上能找到很多这样的内容，不仅要读成功的故事，也要读失败的故事，不仅要读已经盖棺定论的故事，更要紧跟商界风云变幻的现在进行时。后者非常重要，多关注自己目标行业的新闻，尤其是和企业经营重大变动有关的信息，自己先去判断事件的未来走向，再和后续发生的事实相印证，不仅能获得很多经验教训，更是训练自己商业敏锐度的一种好方法。

和正走在创业路上的朋友多聊聊也是有益的。登门拜访，在朋友的办公室安静地等待一会儿，并细心观察所有人的工作状态，然后约个下午茶或晚餐，把自己的想法和盘托出，征求对方的意见。同时也要积极了解对方在创业过程中的经验教训。既沟通了感情，又获得了借鉴，何乐而不为？

前面说过，如果有在创业公司工作的经验，对于你自己创业是有加分的，但是，如果没有怎么办？你可以去朋友的创业公司帮忙。当顾问也好，利用业余时间协助他们做一个项目也好，哪怕是介绍一个商业伙伴陪着他们开几次会也好……只要多观察，多问，也能学到很多东西。

接下来就是知识储备了，以下几方面的知识，或多或少要了解一些：有关《公司法》和企业开办流程的，有关股权分配和融资的，有关财务的。当然，你所在行业的专属法律法规和行业规定一定要了解，如果你之前所在的岗位并不能接触到这些的话，千万不要忽视这一点，否则会出大麻烦的。譬如游戏行业规定从事游戏运营注册资本必须达到1000万元人民币，且不能是外资公司，如果一开始没有搞清楚，公司开办起来再去做变更，就会很麻烦。

总之，在创业之前想得越全面，准备工作做得越细致，创业的成功率就越高。先弄清楚自己转职成为创业者还有哪些不足，在目前的工作中慢慢补足，慢慢成长，厚积薄发，一举成功，才是最好的。千万不要打无准备之仗。关于创业之前需要做的准备工作，后面还有专题论述。

# 第 7 课　成家、立业、生子，如何排序

女性一生当中，什么时候是创业的最佳时期呢？可以说，不同的时期具有不同的优势和劣势，最适合的创业方向也各不相同。

前面说过，我不太赞成一毕业就创业，因为那样成功率不高。但是成功率这个概念也分怎么看，被高价收购、上市，创始人财务自由诚然是一种成功，但是这种成功对于应届生创业者来说，未免要求太高。开办一家公司，正常发展几年，最后无论是结束还是卖出，都可以盘点一下自己的收获。收入方面，投入的资金都收回，且获利不比炒房差，月入不比做白领的同学差，已经算是很成功了。因为创业者在职业经验、人脉、眼界、行业声望等方面的积累，一定会高于普通白领，这一点可是纯利哦！无论如何，这些对于你未来职业发展都是最宝贵的财富。

就算是结束一段创业生涯重返打工者的行列，你也会很

有优势。在大部分企业中，有创业经验的中层和高层都会更加如鱼得水，和老板的相处也会更为融洽。因为你有过创业的经验，就会不知不觉地站在老板的立场上去考虑问题，更容易和老板心灵相通。老板会认为你识大体，顾大局。这一点，没有创业经验的中高层很难企及。

学生创业，最大的劣势是一无所有，最大的优势也是一无所有。没有钱，没有经验，没有人脉……因为一无所有，才更能放得开，更不怕失败，更有魄力去尝试新鲜事物，取得爆发性成功的可能性就越大。

基于QQ浏览器的一份关于95后就业观的大数据调查里面有这样一组数据：在所有95后高校毕业生中，有48%选择“不就业”，在选择不就业的95后高校毕业生中，有15%选择了创业，而选择创业的95后高校毕业生中，有四成是女性，六成是男性。女性的比例很明显要比前几年高得多。更多的年轻女性，愿意投身到创业大潮中磨炼自己，这是一个好现象。

我曾经担任过中国传媒大学和复旦大学的兼职教师，也曾经多次深入高校宣讲和调研，对于高校学生群体非常熟悉。我也担任过一些大学生创业比赛的评委和点评嘉宾，看过很多大学生创业者的成败，对于这个年龄层创业者经常会走的一些弯路，还是比较清楚的。在此，我有几句忠告要送给大家。

首先是不熟不做。

大学生创业，要从自己熟悉的领域做起，例如教育领域就是一个好方向，或者以学生群体为用户的产品，例如像课程表那样的APP或者针对校园的OTO（Online To Offline，即“线上到线下”）等。和自己本专业结合的创业方向也可以尝试，这种情况下有可能从老师那里得到一些支持。结合家庭出身背景也能找到合适的创业方向，譬如出身农村的学生可以考虑三农创业。餐饮业也是选择之一，毕竟每个社会群体的人们都要吃饭，而学生最了解学生喜欢什么样的餐饮。

作为女性大学生创业者，需要特别注意的一点就是体力问题。可以尝试着在你希望创业的领域找个兼职做，看你的身体是否吃得消。想做餐饮，去快餐店打工；想做农业，去田间地头采摘。坚持一周，你的身体感受就会告诉你，这个方向适合不适合你。

其次是不要做太低端的行业。

刚刚走出象牙塔的学生像一张白纸，之前接触的不是老师就是同学，都是受过高等教育的人，这在中国其实已经是非常高端的一个人群。而社会中三教九流什么人都有，有些行业的从业人员普遍受教育程度很低，考虑问题的角度以及解决问题的方式都和大学生截然不同。跟这些人一起做生意，学生，尤其是女生，会将自己置身于高危情境之中。

就算抛开人身危险、性骚扰等那些比较严重的问题，一些小细节也会令女性创业者产生困扰，很多低素质人群可能会有卫生、礼仪、个人习惯方面的不良作风，也许这对男性创业者来说没有什么，可对女性创业者来说就无法忍受。例如体味、随地吐痰、抖腿、疯狂劝酒、爆粗口、讲黄段子……

女性选择创业方向，最好选择上下游产业都是高素质人群的行业。就算是做餐饮，定位也要高端一点，选址也要选在较为繁华和安全的地段，比如大型商业中心内部要比独门独户好，可以避免很多麻烦。这一点对女性创业者至关重要。

最后也是最重要的一点，请一定要尊重“老炮儿”们的意见。

毫无经验但充满热情的年轻人，和经验丰富却略显因循守旧的资深人士之间总会有这样那样的矛盾，在一些路演会和创业比赛中，也经常会出现剑拔弩张的对抗场景。但事实证明，很多资深人士的担心最终都成为了现实。作为年轻的创业者，一定要想想，人家不为名不为利，提醒你一句，就算你不认同，认真思考一下总没有害处。

正确对待这些建议和批评的态度应该是这样的：无论你认同不认同，先把它记下来，记住！不要记录自己理解的内容，而是要记录对方的原话，如果有必要，可以在记录完毕后跟对方确认一下。然后你就可以把这个记录暂时封存了。在一个月、三个月、半年、一年、两年、三年等每一个时间节点拿出来重温一下，和你当前创业过程中遇到的问题互相印证。时间会改变你的看法和态度，尤其是创业过程中的时间，会让你更快变化。也可能某一个时间点，你会突然发现，这条封存多年的意见，就是你解决当前困扰的良方。对！就像对待锦囊妙计一样对待它们就对了。

绝大多数女性创业者都是比较独立的女性，我周围就有很多这样的女老板，她们大多大龄未婚或者建立了丁克家庭。更少家庭琐事牵绊，才会有更多精力心无旁骛地经营事业。

但是这两种状态之中，“未婚”这个状态是微妙而不够稳固的，如果未婚而又一心扑到工作上，没有男朋友或者有个感情发展稳定的男朋友还好办。最怕两种情况，一个是三天两头换男友的；另一个是说誓死不恋爱，突然爱了个天翻地覆死去活来的。前者是婆婆妈妈家庭伦理狗血肥皂剧的范儿，时而如胶似漆，时而要死要活，像月经周期一样影响工作情绪和工作热情，但又比月经周期更为短暂频繁和难以捉摸。后者则是爱情至上言情剧范儿，本来好好的一个人，一热恋，智商情商就直线归零，恨不得抛下一切和恋人潇潇洒洒走天涯，走着走着就到了西藏。至于创业，那是什么？好吃吗？天大地大，爱情最大，一家公司算什么？

如果你想成为一个成功的女性创业者，首先要搞定自己的感情，如果连一两个男人都搞不定的话，你又怎么能搞定成百上千的员工？如果你有一个女性合伙人，你也要注意了解一下她在婚恋线上所处的位置，个人的规划，以及处理这方面问题的能力，否则一旦出了事，会让你措手不及。当然，男性也会遇到类似问题，古人云“修身齐家治国平天下”，这个顺序还是有道理的。

一段稳定的感情生活，是女性创业最好的助力，无论是长期保持关系的男友，还是丈夫。此外，这种稳定的感情生活，通常还能提供一定的经济保障，这将在很大程度上减轻创业女性的经济压力，同时也让她们在心理上更加放松。

在我周围的创业女性当中，大部分人的创业动机都是想要自己掌控一件事。在公司的森严体系里，很多优秀的女性无法百分之百发挥出自己的能量，经常是很多事情付出了全部的努力，最终毁于外部因素：高层的不支持，流程的拖沓或者是办公室政治。因此，她们痛定思痛，毅然走上了创业之路。

但还有一部分人，她们的创业却是被动的。她们处于职场的剥离状态，找不到回归的途径或者无法重新融入，无奈之下开始创业。例如，经历了裁员，觉得与其另外找工作，不如自己拉着队伍单干，这是很常见的，我之前的一次创业也是如此。还有就是被裁员或裸辞之后，相当长的一段时间没有找到合适的机会，就把创业当作了一种可控制的选择。

最多的情形则是：怀孕，生产，哺乳……由人妻到人母之后，重新回到职场，发现已经找不到自己的位置。也许并不是被降职，而是这段时间留下的权力真空被别人挤占，很多事情没法抓到手里，很多资源没法调动，自己成了体系中一个可有可无的人，越是中高层，这种现象越普遍。很多重回职场的妈妈都要经历这样一个阶段。有的人直到临产才休假，孩子满月就上班，离开职场的时间比较短，适应起来还比较容易。而有些人由于身体的原因或者想让孩子得到更好的照顾，离开职场半年或一年，周围的一切变化可就大了。甚至有些准妈妈，本来对工作就不太满意，借着怀孕，索性辞了职，专心在家里带孩子，等孩子上了幼儿园，不需要全天候照顾了，才想起重回职场。可是这三四年的时间里，大部分行业的变化都很大，业务模式变了，原来的人脉也淡了，想要重新适应，更是难上加难。干脆永远做个全职主妇吧，又万分的心有不甘，毕竟自己也曾经是叱咤一时的白领精英。这时候，创业这个词儿，就会不断从脑海中跳出来。

我周围当了妈妈的创业者，大多数人的孩子都非常优秀独立，尤其是男孩子，一个个俨然小小男子汉。也许是因为创业的妈妈没有太多精力对孩子进行事无巨细的照顾，反而让孩子“野蛮”生长，焕发活力吧。这倒是创业路上，一个无心插柳的收获。

有了孩子，就如同完成了人生的一个阶段任务，其实的确是个比较适合创业的时期。但是我们也应该注意到，有孩子的家庭可能负担会更重，同时因为孩子的加入，也会增加更多的风险和不确定性，这些都是妈妈们在创业前要考虑到的问题。此外，大部分的创业妈妈年龄已经不小，父母已经步入老龄，如果再加上父母会有一些健康的问题需要照顾，那么创业就成了戴着镣铐的舞蹈，每一步都会分外艰难。同时，创业妈妈因年龄而导致的体力下降和健康问题也不容忽视，近年来青壮年高管猝死的新闻时时见诸报端，发人警醒。三十多岁到四十岁，正是年富力强的时期，这个年龄的人通常感觉不到自己的衰老。对身体过于自信，长期超负荷工作，健康问题就成了埋在身体里的定时炸弹，不知道什么时候就会爆发。

对于女性来说，任何时候创业都不算早，也不算迟，不同阶段创业有不同阶段的好处，但是，请谨慎对待创业途中婚恋状态的改变。人们经常说婚姻是女性的第二次投胎。没错，婚姻对于女性生存状况、经济条件和心理都会有很大改变。创业未半的时候，遇到这种改变，有可能会让女性打消创业的念头，这对于创业可是个毁灭性的打击。试想你新婚宴尔，老公的月收入相当于你公司一年的利润，他又天天在你耳边劝你不要那么累，不如找点轻松的事情做。这时候你会怎么办？能坚持下来的人，已经是个不小的成功，因为这真的很难。

# 第 8 课 擅于利用自己的性别优势

在游戏行业一直流传着一个说法，那就是：女性更适合做游戏制作人。虽然整个 IT 行业的大环境依然没有做到男女平权，但是很多女性制作人已经活跃在各个国家的游戏产业中。为什么说女性更适合做游戏制作人呢？因为游戏制作人这个工作，需要处理大量繁杂资讯，需要对多个并行出现的紧急需求迅速做出判断和决策，并且针对网状的业务结构能够很好地控制和同步推进。这样的工作对于女性来说司空见惯，自然驾轻就熟。

在原始社会，人类就是这样分工的：男性出去狩猎，女性需要负责采集、制造生产资料、制造生活资料、抚育孩子等工作。那时候女性的工作状态很可能是这样的：一边鞣制皮革，一边为熟睡的孩子驱赶蚊虫；下雨了，赶紧把孩子移到山洞里避雨，还不能忘了晾晒的肉干；如果雷电引燃了枯木，还要赶紧借机去取火……现代的家庭主妇也是一样，一手抱着哇哇大哭的孩子，一手冲奶粉，此时电话铃响了，灶上的水烧开了，门口快递在按门铃，双十一抢购的尿布到了……是不是一模一样？女性天生就擅长处理这些，这已经固化在我们的基因中，是我们的天赋技能。

相信大家都在网上看到过一幅对比图：一张是一个父亲领着孩子走在雨中，父亲的伞歪在孩子那一侧，自己淋成了落汤鸡，狼狈万分；另一张是一个母亲一手抱着孩子，一手举着伞，抱着孩子的那只臂弯还挎着新买的菜，举着伞的那只肩膀上还背着个通勤的包包，脚下穿着高跟鞋，不仅孩子没湿，自己也没湿，不仅一点都不狼狈，而且还优雅万分。这就是男性和女性在多线程处理方面的巨大差异。

其实，这就是管理。女性天生就是管理高手，不创业，就白白辜负了。女性这种管理技能，尤其适合五十人以下的微型创业公司。我之前做投资前的评估工作，经常是一进公司门就能判断老板是男是女，那些女性主导的创业公司，公司环境井井有条，别有一种温馨舒适的气场，窗帘、地毯、家具都经过精心的选择和搭配，员工的脸上也很少能看到焦躁之气。

那么女性相比男性，在性别上的劣势又是什么呢？首先是生理上的，就平均水平而言，女性在体能上肯定是弱势，比力气也不如男性，但是绝大多数创业方向拼的不是这些，所以这不重要。就心理上而言，女性比男性更惧怕变化，或者说更不会应对变化，因此便更难以抓住稍纵即逝的机会，做决策的时候，通常也不如男性那样果断。这是因为什么呢？我们依然从进化心理学中寻找答案。

进化心理学是什么呢？简单说，就是我们的祖先在原始社会长期的生活过程中，因为自然选择而固化下来的一系列心理模式。

在原始社会，女性在采集、制造生产资料、制造生活资料、抚育孩子……男性在做什么？狩猎、狩猎还是狩猎。狩猎最需要的是什么？是对于稍纵即逝时机的把握，是迅速做出判断一击必杀，是对于猎物的变化在第一时间做出反应。只有这样，才能抓到猎物，才能不被猎物杀死，平安返回家中。那些对变化不敏感、判断迟疑、反应迟钝的男人，早已经葬身于猛犸象和剑齿虎脚下，而我们当今社会的男性，都继承了那些优秀猎人的品质。

而原始社会的女性呢？他们从事的大部分工作都是安静而缺少变化的，采集涉及的是四季的更替，青色的果实成熟也是以天为单位的，孩子这次吃奶到下次吃奶的时间是以小时计算的，制作一件工具或者一件衣服至少要好几天……在女性的日常工作中，最大的危机事件也不过是蛇或者蜘蛛接近了熟睡的婴儿，她们也至少有几十秒甚至几分钟可以用来反应，而不是像男性在狩猎中那样，在一两秒之间，生死一发。

所以，男性比女性在感知变化、把握机会方面更加有优势。

# 第 9 课 你更适合做职业经理人还是创业者

我更适合创业，还是更适合做职业经理人？这可能又是摆在很多姐妹们面前的一个问题。既然创业的目的是要“做成一件事”，那么作为一家企业的职业经理人，拥有足够的权力，能调动足够的资源，也足以做成一件事，不是吗？

从过程上讲是这样的，但结果却不同。但是职业经理人做成一件大事的结果可能是加薪，而加薪的幅度肯定不如公司大股东从这件事上获得的收益多。如果你作为一个创业者做成了一件大事，即使你的股份经过了几轮稀释，已经不太多，也足够支撑你的财务自由了。这就是职业经理人和创业者在结果上最大的区别。

很多女性更在乎的是过程，结果方面更看重“做成一件事”的成就感和荣誉感，对于金钱的欲望没有男性那么强烈，所以她们更容易在职业经理人和创业者之间犹豫不定。到底自己更适合哪个角色呢？

职业经理人和创业者最大的区别是什么？我不止一次地问过自己这样的问题。因为这两个角色我都担任过，而且都担任过很多年。经过了这么多年的职场沉浮，我越来越发现，自己更适合做职业经理人而不是创业者。因为我过于理性。

曾经有出版社的编辑找我约稿，让我写一些励志类的书。我觉得我是能驾驭的，也把那些最火的鸡汤书都找来看了一遍。真正动笔的时候，也觉得很顺利，没有卡文的情况，只是内心深处总有一个声音不停地在问“这有什么用”。于是我就开始怀疑自己的行为，真的有人爱看这种文笔优美但陈词滥调的鸡汤吗？读者看了以后能得到什么？我是不是在做一件无意义的事？这种自我质疑会让我写不下去。我只好对编辑说，我写不了这种书，我还是更适合写那种实用性的书，尤其是其中有很多可操作内容的，让读者看了就能学，学了就能会，会了就能应用在生活或工作中，很快看到效果的书。

这其实就是一种职业经理人思维。职业经理人是公司聘请来的管理者，是受薪阶层，不通过公司的增值而获利。有一种很形象的比喻，说职业经理人是公司的保姆，而公司创始人是公司的亲妈。一个优秀的保姆也爱孩子，但是她对孩子的爱是理性的爱，不掺杂太多感情，怎样做对孩子好就怎样做，即使这样会让孩子暂时不舒服也会去做。而亲妈则容易陷入心软、溺爱、感情用事的泥潭当中，这就是为什么很多公司发展到一定阶段，董事会乐于雇佣职业经理人取代创始人作为最高管理者的原因。

职业经理人就像是操作精密仪器的工人，或者指挥千军万马的将军，在他的工作中很少有感情的羁绊。这个人不适合，就剔除出去；这件事不对，就立即止损；为了获得成功，不介意付出很大代价。职业经理人只对公司或董事会负责，他的使命就是让公司价值更高，让股东更赚钱。其他的一切都要为这个使命让位。

而创业者则更像是“说走咱就走，你有我有全都有”的江湖老大，有更多的侠义之气，有更多非理性的成分在。经常会看到很多创业者在这方面纠结：公司的业务方向出了问题，应该转型，但是却在犹豫原来那批人不知道怎么安排；明知道某个合伙人不适合留在企业中，但迟迟不能下决心动他，因为毕竟曾经一起走过风风雨雨；公司急需引进中高端人才，但是又担心几个合伙人不高兴，任由几个合伙人武大郎开店，让公司发展停滞不前……太多这样的事例了，明明只要壮士断腕，就可以获得新生，但是创业者自己却没有勇气砍下这一刀，而职业经理人就不会犹豫。

所以，职业经理人是孤独的，真正优秀的职业经理人从一个公司到另一个公司，一个班底都不带，甚至连助理都没有。这样可以让他全身心地投入到新公司的业务和文化当中，不让自己之前公司的特质去浸染这家新公司，这是非常职业的做法。而创业者身边往往围绕着一大批一起打天下的弟兄，你得意时，大家举杯相庆；你失意时，大家不离不弃。你二次创业，还是这些兄弟追随。例如马云的 18 个创始合伙人，如今大部分依然在马云身边，担任各个业务线的高级职位。

大多数女性比男性有更强的亲和需求，不大能忍受孤独，也不够理性，所以优秀的职业经理人中，女性的比例很少。而女性较为柔和的管理风格，更容易聚集起一群人共同奋斗，从这个角度上讲，女性其实更适合创业。

我们可以做一个简单的自测，看看你究竟适合哪个角色。

盘点一下你手头或前一阶段的工作，找出那种有几个解决方案，你最终做决策选择了某个方案的事项。分析一下你做决策时的判断依据。如果你毫不犹豫地选择了对公司最有利的那个方案，除了预算、时间和执行之外，没有考虑其他的因素，那么你的思维方式就是职业经理人。如果你做选择的时候考虑了很多，上司会怎么想？大老板会喜欢什么？下属会不会愿意去做？这个合作伙伴是谁介绍来的？拒绝了之后会不会驳他面子？那个方案很有创意但是太特别，万一太过惊世骇俗，大家不接受怎么办……如果你考虑了这么多，最终选定了一个四平八稳、对谁都好的方案，那么恭喜你，你适合做一个创业者。

# 第二部分

# 选择适合的创业方向——方向对了，梦想才有可能实现

迈好创业第一步至关重要，这第一步不是先迈左脚还是先迈右脚，也不是迈方步还是迈猫步，而是你第一步迈向哪个方向，这才是最重要的。迈错了，前方就是万劫不复的深渊地狱；迈对了，才有可能抵达梦想的彼岸。

# 第 10 课　当你有了一个好想法之后

很多人的创业冲动，都开始于一个很好的想法。但是一个很好的想法，离产品出来、抢占市场、创业小成的距离，差不多有铁岭到美国那么远。

有了一个很好的想法之后，第一步就是要完善这个想法。这个想法可以解决什么问题？哪些人有这方面的需要？这些人总数有多少？处于哪个量级？你能够很容易找到这些人吗？还是你知道他们肯定在，但是不知道怎么才能探触到？这个需要的强度如何？是刚需还是非刚需？你提供的是商品还是服务？价格如何？你提供的商品或服务是一次性的，如婚礼服务，还是会重复使用的，如销售卫生巾？你的生意是 TOB（面向企业用户）还是 TOC（面向个人用户）？如果是前者，你有这方面的人脉资源吗？如果是后者，你能够直接面对最终用户，还是需要通过渠道？你打算采用什么方式让你的用户知道你……类似的问题，我们还能举出很多很多，你要试着一一回答。

然后再反过来，想象一下如果你是你这个“很好的想法”的用户，你需要这样一个商品或服务，你从哪里获知它的信息？它需要具备怎样的特点才能勾起你的消费冲动？你希望从哪些渠道获得它？你希望它能够给你提供哪些后续服务？你打算为它花多少钱？什么情况下，你会持续消费？它犯了什么样的错误你会抛弃它……又是一大堆问题。

把这一大堆问题和你的回答，与上面一大堆问题的回答互相印证。通过这种自问自答，自攻自受，不停变换生产者和消费者的角色，你就可以很容易厘清你的思路。

好了，你现在可以拿出一张 A4 纸，写下这些问题和你的答案，每个问题 + 答案不要超过两行，如果你不能用最精练的语言去概括它们，只能说明你还没有想清楚。

我的一个好闺蜜，是个连续创业者，她最新的创业方向是为用户提供营养咨询服务，上游签约了一些全球著名的营养师，提供营养讲座视频，并可以为客户定制营养方案；下游是和各种保健食品商家的合作，并做成一个销售平台。她一开始想通过微信公众号积累原始用户，把整个链条理顺之后，再开发自己的 APP，想做到营养类 APP 的第一名。这个方向大体上没有问题，在这个领域也没有强有力的竞争对手，是个不错的垂直蓝海。唯一的问题就是，营养资讯不是刚需。

中国人讲究民以食为天，各种美食花样翻新，各大商场也只有餐饮区生意兴隆。每个人对于营养常识多少都懂得一些，什么早吃好、午吃饱、晚吃少，什么一天八杯水，什么少喝酒少吃辛辣食物……但是这些在小龙虾、烤串儿和羊蝎子面前，都会变成PM2.5一样的尘埃，根本没有半点战斗力。美食当前，吃了再说，管他身后洪水滔天！有多少糖尿病人就是因为管不住嘴导致病情恶化？更何况健康人。所以，营养资讯不是刚需，虽然可能人人爱看，但看了就看了，从爱看转化到消费，可能转化率会非常低。

那么什么是刚需呢？减肥！减肥可谓女人一生的事业，健康减肥本来就是营养学的一部分。所以，我建议她将重点放在瘦身健体咨询和减肥辅助食品的销售上。几个月下来，市场情况果然像我预料的那样，大部分的用户和流水都来自于减肥板块，而且其中不乏通过人际推广带来的新客户。试想一下，一个客户减肥成功，遇到亲朋好友，第一声寒暄必然是：

“哎呀！你瘦了啊！”

“是呀！”

“怎么瘦的啊？”

“就是有个减肥的公众号，按照他们的方法去做，吃他们的减肥保健品，很快就瘦了。”

“是吗？这么有效啊！介绍给我呗！”（掏手机）

这是一次完美的推销，而且不花公司一分钱。

当你整理好自己的想法之后，就可以跟亲朋好友印证一下了。首先你要找到你朋友中可能是你目标用户的人。把你的这一页 A4 纸讲给她听，让她直抒己见，尤其是关于消费意愿和定价方面，不同的人差异很大，一定要广泛听取意见。

然后再去找和你目标用户不相干的人，他们的看法可能和你截然不同。这时候要尽量找各种不同年龄、性别和社会阶层的人，老人、男同学、小区里一起遛弯儿的邻居，甚至小朋友。听听他们的看法，问问他们觉得周围的人当中，会有多少人对你的产品或服务感兴趣。

如果你的目标用户不在你所居住的城市，例如你在北上广工作，但是你的目标用户锁定在三四线城市或农村，那你就要至少去当地调研一次。借着春节返乡回去问问老家的亲戚是个不错的选择，或者周末开车出城，在周边找个农家院，连旅游带调研一并完成。

如果你有一个很好的想法，而且大家都认为这是个很好的想法，也并不代表你一定能成功，但至少说明这个想法有很好的群众基础，大部分人不会觉得这是一个荒诞不经、惊世骇俗的想法。你去找投资商发 BP（Business Plan，商业计划书），对方也不至于会秒删，这已经足够了。

如果大部分人都认为这不是个很好的想法，也不要气馁。好的创业方向不是人人都能看到的，尤其是某些创新的方向，只有它出现了，流行了，人们才会发现自己有多需要它。譬如生活在20世纪七八十年代的中国人，可能很难想象一瓶水的价格会比一瓶汽水还贵。而20年前，手持“大哥大”的人们也不会想到，如今手机已经成了人们的另一个肢体，片刻不能离身。你不在意别人的想法，可能会导致盲目而走弯路；你太在意别人的想法，则可能一事无成。

还是一样的做法，面对反对意见，不要情绪化，不要反驳，不要记录他们的结论，而是记录他们描述的细节。他们觉得哪一个点有问题？为什么这么觉得？是自己的主观感受还是有什么客观依据？试图跟他们沟通，用你的观点和论据说服他们，这种辩论的交锋过程，有可能会擦出火花，让你迸发新的灵感，使你的想法更加完善。如果不能说服对方，就先记录下来，给自己一些时间去沉淀，去思考。

这样做还有一个好处就是，你听多了质疑，也应对过各种质疑，以后再面对更尖锐的质疑，也就不会怕了。因为在今后的路上，你可能还要有路演，要面对投资商，他们也会质疑你，多积累一些经验一点坏处都没有。

经过这样一个过程，你的“很好的想法”就变身成了“相对完整的草案”，整合了大家的智慧，你的想法获得了成长，更丰满、更成熟了。

# 第 11 课　不要盲目追逐热点

王戎七岁，尝与诸小儿游。看道边李树多子折枝，诸儿竞走取之，唯戎不动。人问之，答曰："树在道边而多子，此必苦李。"取之，信然。

——《世说新语》

七岁小儿都懂的道理，就是有很多人不懂。

我见过很多创业者，有一家小公司，跌跌撞撞维持了好几年，但总也做不大，不仅做不大，而且还经常处于生死边缘，时不时裁员降薪，团队的人换了一拨又一拨，只剩下老板孤家寡人是"原装"的。为什么呢？因为老板经常换业务方向，看到什么热，什么来钱快就做什么。人都说船小掉头快，他可倒好，掉头比电风扇还快。

这样的公司，以老板是商务出身的居多，以女老板居多。为什么呢？

因为老板商务能力强，就会把商务作为他的核心竞争力，这种核心竞争力其实就是随波逐流。跟别人喝了个茶，吃了个饭，听到了只言片语或者找到了个什么机会，就突然动了心，急急忙忙调动资源去做。看似执行力很强，但是每一个机会都是不连贯的，甚至八竿子打不着，几单生意做下来，也许赚了点儿钱，但是公司没有积累，员工也没有成长，一切都和刚开办的时候一样。这样的公司，根本没有办法留住优秀员工，因为老板把员工当成一次性用品。甚至是今天这个单子需要拥有 A 技能的员工，我就把之前拥有 B 技能的员工开掉，招一个拥有 A 技能的员工，做完了这单，后来招的这位也随之下岗了。公司里其他拥有 CDEFG 技能的员工，如出纳、会计等，看到这种情况，也不免心寒。在职场，跟对人比做对事还重要，这样的老板，不会有人死心塌地追随。

如果老板的核心能力不是商务，而是技术、设计、产品、市场等，就不大会出现这种问题，因为以上核心能力都是有行业偏重的，会做游戏的技术不一定能做电商网站，精通工业设计的人未必玩得转 APP 界面设计。所以，这类老板往往立场比较坚定，不会被潮流左右，更不会被外人的几句话或者一个机会所左右而去改变创业方向。

为什么说女老板容易在这个问题上犯错误呢？主要是因为很多女性遇事优柔寡断，犹豫不决，很容易被环境影响，外人的随便一句话，都能让她纠结一整天。不信你就回想一下，当你做了一个新发型，或者穿了一件新衣服的时候，如果有人说不好看，或者不适合你，或者买亏了，你是不是会好一阵子不痛快？甚至觉得自己根本没有那么喜欢这款发型或者这件衣服了？即使你压根儿就看不上对方的审美和判断力，你也会介意他的说法，而男性就没有这么容易受别人影响。

知道了症结所在，就要注意去避免这个问题。每当有了一个所谓的“机会”摆在面前的时候，就像是你将一件商品放入了淘宝购物车，这时候先别忙着下单，给自己一晚上的时间想一想，毕竟做生意不是双十一抢购，明天再决定也来得及，如果来不及了，那就只能说明这个机会与你无缘。

这一晚上你要做什么呢？还是要盘点你的资源够不够做这件事。主要是人、钱和时间，如果不够，你要从哪些方面去补足？能补足的可能性有多大？这里面有没有不受你控制的风险？如果一件事情，不受你控制的部分超过 30%，失败的风险就很大；超过 50%，基本上就是听天由命了。还有，这件事情真的有那么好吗？它的收益真的值得你做出改变去冒险吗？这些都是你要考虑的问题。

其实，有的时候，你只要安安心心睡一晚上，第二天早上起来你可能对它就完全没有兴趣了，这时候只要微笑着删除购物车里的东西就好了。

还有一种情况是，你现在所做的业务已经进入了一个死胡同，你必须改变业务方向以求重生。例如手机都已经普及了你还在做寻呼台，或者手游已经爆发了你还在开发那个低成本的客户端网游。

这时候要往哪个方向转身呢？同样注意不要盲目追求热点。不要看到某个领域火了，也跑去跟风。中国人是很喜欢跟风的，从改革开放初期疯狂的君子兰，到20世纪90年代呼啦圈一下子风靡全国，再到这几年被热炒的手串儿，无不反映了一个事实：火爆的东西未必是好东西，只是有人在炒，有人在跟；炒的人暴富，跟的人买单。

就算这个火爆的东西是个很好的商业方向，例如前几年的OTO、直播，这两年的VR（Virtual Reality，虚拟现实），但是做得人已经太多，你凭什么可以脱颖而出？本来起跑已经慢了，想要后来居上，就要有碾压性的优势才行，你是有钱，还是有人？或是有技术，有用户？什么都没有，就放弃吧！

选择转型最好的方式还是跟团队商量，毕竟大家是一条船上的人，一荣俱荣，一损俱损。由团队成员提出的方向，必然是他们看好并乐于为之付出的方向，无须动员和激励，天然就有了动力。

# 第 12 课　不熟不做，少交学费

“不熟不做”是个老生常谈的话题了，无论在创业领域还是投资领域，这都是一条铁则。

为什么这一点如此重要？那是因为人们对于不熟悉的领域了解的层次太浅，看到的都是放在台前光鲜亮丽的东西。装修华丽，气氛优雅的餐馆，烛光摇曳，餐具闪闪，菜肴精美，色香味俱全，拍个照，发个朋友圈，就会引来“看起来不错啊”“这是哪儿啊，求地址”的回复，一切都是那么美好。但是，如果你在打烊前进入后厨，看到的则可能是污水横流，油烟缭绕，煮通心粉的锅里一片白浊，用过的抹布随便乱丢，厨师们坐在后门槛上用帽子当扇子乘凉，旁边是如山的厨余垃圾，野猫和老鼠在上面钻来钻去。是的，你看过之后，有可能再也不想来这家餐馆用餐了。

每个行业展现在用户面前的景象，都只是冰山一角，而且是冰山最美丽的一角。而人们在心理上又会根据这能见到的一角，对其余的部分进行脑补。由于脑补的参照物只有这美丽的一角，所以我们会不知不觉地认为其余的部分也像这一角那么美丽，但事实上差着十万八千里。就好像我们在网络上看到的每一张自拍，几乎都经过了化妆，最好的角度，最好的光线，从十几张里面挑出一张，美颜、修图等几个美化步骤才会放出来，和真人的真实情况肯定差得很远。你对不熟悉行业的认知，就像一张网红照片，而这个行业真实的样子，则是这些网红们卸了妆，刚睡醒，眼角还有眼屎的样子。

带着这样脑补出来的，对一个行业的印象去创业，一定会被现实撞得头破血流。头破血流了怎么办？擦干血泪，迎难而上，交学费呗。不过这学费可不太低，用钱去交学费那是最便宜的，至少有个数。但是现实是各种上当受骗走弯路出昏着儿，最终才能摸索到正确的方法，所以这笔学费里面包括钱，也包括时间成本，更包括你在心理上受到的挫折和伤害，你的自信心受到打击，情绪成本也是不容小觑的一块。至于要交多少学费，要看你聪明不聪明，学习能力够不够强，甚至要看你是不是这块料。最悲催的情况是你交了一大把学费，发现自己确实没有这行业的天赋，准备转行不做，那这学费可就打水漂儿了。还有一种情况就是你交了学费，也学会了，但是这个行业的窗口期已经关闭，后来者已经没有位置，产业格局已定，进入到了平稳发展阶段，你再想挤进去已经万分困难，这种情况的悲催一点儿也不亚于上一种情况的悲催。

我们经常会听到有人说“不做怎么能熟呢”？这话千万别信。站在巨人肩膀上才能看得更远，对于想要创业的你来说，什么是“巨人的肩膀”？就是你熟悉的那些东西！如果这些东西是你在之前的工作中积累的，那么就是你的上一家公司为你交了学费；如果这些东西是你在家族那里耳濡目染的，那么就是你的父母为你交了学费；如果这些东西是你自己的兴趣爱好或学习获得的，那么就是你提前为自己交了学费。

比如，如果我的创业方向是母婴电商，我要做什么呢？我没有结过婚，也没有生过孩子，那我可能先要找个孕产医院做调研，观察，交谈，做问卷调查，就像每个孕产医院中都会有的那些令人厌烦的推销员一样。我还要对调查来的信息进行分析、汇总。可能还要根据需要购买一些商业报告作为补充。我还要走访一些生育过的朋友，和她们进行深入友好的对话，了解她们的需求和困惑。然而这些资料都是二手的，有些经过了当事人的修饰，有些当事人的记忆已经模糊。就算我得到的资料全都万分准确，我也没办法了解生产的阵痛和乳房的胀痛到底有什么不同，也无法了解临产时的紧张，以及半夜起来喂奶的疲乏，我得到的一切信息都隔了一层，就像是戴着厚厚的棉手套去和面一样，手感就是不对劲。

但如果你本身是一个准妈妈那就简单多了，从待产开始，你就可以对一起住院的准妈妈们做有针对性的调查，自己经历过的一切也是最宝贵的财富，因为它都是第一手资料，如此的真实。你就是你用户的一员，你对她们的需求感同身受。而我，则需要付出更多的时间、精力以及金钱，才能勉强接近你，但是始终也无法超越你。这就是“熟”和“不熟”的区别。

此外，“熟”除了对行业的了解，还包括人脉。很多影视明星经济实力都很强，送孩子出国接受最好的教育，有学金融的，有学科技的，有学医学的，还有搞体育的……但是，最终很多星二代兜兜转转又都回到了影视圈，甚至有些形象、演技都不佳的，宁可做个配角，也不从事本专业的工作，为什么？唯“不熟”尔。父母在影视行业有名气，有资历，为孩子找个戏演，一点都不困难。但是其他行业，谁会对明星的孩子高看一眼？你会因为某个大夫的妈妈是明星而执意让他看病吗？我想正常人都不会。

因此，创业一定要选择自己熟悉的领域。自己以前就职的行业也好，以自己作为目标用户群体的代表也好，和自己的家族相关的领域也好，自己长期坚持的兴趣爱好也好。千万不要盲目地闯入一个自己未知的领域，那样十分危险。

## 第13课 做女人和孩子的生意

那么最适合女性创业者的创业方向是什么呢？自然是针对女性用户和儿童用户的生意。

为什么这么说呢？因为根据不熟不做的原则，只有女性才最了解女性用户。男性即使经过大量的调查和学习，也不见得能体会到女性使用卫生巾的感受以及挑选卫生巾时的判断依据，而女性天生就明白这一点。

当然你也可以反驳说时尚界很多大师都是男性，没错，但那是行业传统和男女不平等造成的结果。你还可以反驳说“女为悦己者容”，但大多数男性根本就看不出女性是否化了妆，而且男性根本无法分辨口红的颜色。如果单纯为了让男性愉悦的话，那些化妆品公司根本就没有必要开发几十种口红颜色。女性的自我修饰，归根结底还是为了让自己变得更好，给自己以自信，以及在同性竞争之中胜出，这种胜出的目的仅仅是获得更高的社会地位或羡慕的眼光，而并不是吸引异性。当我们在街头看到一位妆容精致，服装考究，举止娴雅的女性的时候，我们会不自觉地认为她的经济地位和社会地位都比较高，即使她没有戴昂贵的首饰，没有开车，身旁也没有男性。

很多男性不太能够理解女性为什么热衷于各种宫斗小说，他们认为几个女人费尽心机去争夺一个男人很无聊，甚至看惯了种马文的他们都很难把自己代入到宫斗小说的男主角身上。事实上，他们对宫斗小说的理解，是基于直男价值观出发的，是完全拧巴的。宫斗小说，其实就是古装版的杜拉拉升职记，是女性和同性竞争并取得胜利的故事，这和体育比赛的竞争在本质上并没有区别，你可以把那个皇帝换成奥运会的金牌，其实并没有任何违和感。

正因为大部分男性没有办法完全理解女性，所以他们也很难做好女性的生意。因此，你的机会就来了，你选择了以女性为目标的创业方向，就等于筛选掉了一半的竞争对手，成功率自然大大提升。

此外，女性用户还有一个秒杀男性用户的特质，那就是能花钱。吃土砍手党里面，绝大多数是女性；大部分中国家庭的结构，也都是男性赚钱养家，女性花钱持家。也就是说，大部分中国家庭的财务出口，都掌握在女性手里，这之中不仅仅包括女性自己的用品，更包括大量家庭公共用品。不信你可以做个调查，分别询问一对夫妻中的男女两方，家里的卫生纸是什么牌子，洗衣粉是什么牌子，洗手液是什么牌子……我猜女性答对的可能性要比男性高得多。至于对衣服、鞋子以及化妆品的消费，男性更是无法与女性相比。除了实体商品，文化产品也是一样，绝大部分电视剧的主力观众是女性，这已经是不争的事实。小说的读者也以女性居多，因此网络文学中女生频道作品出实体书的更多。

总之，女性肯花钱、能花钱、会花钱，是非常优质的用户。

做女性的生意，要牢记四个字“物有所值”，因为女性和男性在消费的时候，大脑中的判断流程是截然不同的。譬如说同样买一件冲锋衣，在男性那里就是三个问题：什么牌子比较好？从中随便选一个。这个牌子卖得最好的是哪个款式？这件吗？看上去不错啊！这个价格我能接受吗？能，那就是它了！就这么简单的思维模式，宛如一条直线。而女性就截然不同了：市面上有哪些冲锋衣的牌子？它们分别的价位和口碑怎样？要一个一个去网上搜搜看。按照自己的预算圈定几个符合自己心理价位的，再剔除一些口碑不太好的，选定了两三个牌子，再挑款式、颜色、功能、面料、辅料。选好了那么七八件，再一一去看评价，删掉差评比较多的，再一个一个比较性价比，最后才有可能最终下单。这是一张决策的网，用户在每个环节都可能流失，做女性的生意，一定要在每个环节都做到无懈可击才行。

在大部分家庭中，女性是育儿工作的主要承担者，这也是由女性的性别特征决定的。女性经过了十月怀胎，一朝分娩，数月哺乳，和孩子的精神联结自然比父亲紧密很多。

做孩子的生意和做女性的生意基本上是一致的，因为最后掏钱刷卡的肯定还是妈妈。唯一不同的是，孩子要比女性能花钱。中国人对于养育下一代有一种近乎宗教的神圣感，要在自己踮起脚尖的范围内为孩子提供最好的一切，哪怕自己省吃俭用也在所不惜。而孩子又是破坏力极大的生物，很多耐用品到了他们手里都会变成一次性用品。把房子租给白领女性，三年之后还能保持原状，而把房子租给有孩子的家庭，三个月就会变成一片狼藉。庞大的消费能力加上更短的再度消费周期，让孩子变成了最优质的用户。

女性创业，不妨从自己最熟悉的市场做起，而自己和自己的孩子无疑是她们最为熟悉的。具体的创业方向有很多，可以是女性或孩子独有的需求，例如有育儿的APP、化妆品、童书等。也可以是一些大众领域，尚未开发的处女地，例如手机游戏用户中，女性用户的比例越来越大，已经接近和男性用户分庭抗礼。而专门针对女性的游戏屈指可数，这样庞大的市场和少得可怜的产品之间的差距，就是一个很好的空白，等待女性创业者来填补。

## 第 14 课　开个梦想中的小店

很多女性都曾经梦想过开个小店，花店、咖啡馆、烘焙坊、简餐厅……优雅的环境，温馨的气氛，午后的阳光暖暖地照着，似乎有一段浪漫的邂逅在街头蠢蠢欲动。

做着小店梦的女性很多，从十几岁的学生妹，到退休后的老奶奶。其实她们更想要的不是创业，而是一种生活方式。

曾经有一次，我跟一个创业的闺蜜，约在她客户楼下的咖啡馆喝下午茶。她已经熬了一个通宵，上周刚刚发过一次很危险的高烧，目前的身体状况也不是很乐观。我劝她早点回家休息，她却说她喜欢咖啡馆的氛围，这是她在多年繁忙创业过程中唯一的放松方式，因为别的放松方式太耗时间了，她耽误不起。她说她之所以创业，并不是想赚多少钱，把生意做到多大，而是想几年之后，可以提前退休，每天享受泡在咖啡馆里的悠闲时光。她为了她梦想的生活方式，努力在另一条跑道上前行。而更多的女性则是非常直接——既然这么喜欢咖啡馆，那么自己开一家好了。

还是一样，“不熟不做”，即使你每天去两次咖啡馆，坚持了十年，你也只是一个过客，并没有入行。做餐饮，很多事情跟你想象的不一样，光鲜优雅的背后，是每天都要面对的柴米油盐。

当然，做餐饮明显的优势是你脱离了行业的束缚和渠道的控制。因为餐饮这个行业是极为松散的，一个小店跟全聚德、肯德基这种大集团没有太直接的竞争关系，做好方圆一公里的买卖就已经足够了。做餐饮，你面对的是最终用户，有人进店了，消费了，付给你的都是真金白银，你不需要维护渠道关系，也不需要跟渠道分账。如果你之前从事的是整个产业链严密分工、环环相扣的行业，比如手机游戏行业，突然转到做餐饮，你会有那种卸下了所有枷锁的轻松感。

但是，做餐饮是个繁杂而辛苦的工作，每天一睁眼就忙得团团转，要很晚才能休息，一天工作 10 到 12 个小时，一周要工作 7 天，一年到头也就春节能放几天假。这些可跟在高档写字楼做白领完全不一样，你有心理准备吗？过去把餐饮行业称为“勤行”，说的也是这个意思。当然，我们也见过那种随随便便就关门的小店，什刹海附近就有很多，贴个条儿说店主现在外出，有事儿电话。说实话，你要是卖古董、卖衣服的，这么做问题不大，但是餐饮这种行业，冷锅冷灶会让人非常没有信任感，用户吃了一次闭门羹，下次就再也不会来了。但是卖古董则不会，看到橱窗里有个东西很喜欢，等上两个小时等店主回来也值，但是这世界上没有一家餐馆值得顾客饿着肚子等两个小时。

还有一点值得注意，餐饮行业要面对的供应商和要管理的员工学历都不高，人员流动性大，来源复杂。他们当中很多连常用的办公软件都不会操作，而且价值观和判断事物的思路和我们在写字楼中的同事完全不一样。这种心理和文化上的差异，也是一座需要你迈过去的大山。

不管做什么都需要相关的知识储备。如果你对餐饮或零售领域专业知识一窍不通，想要只出钱什么都不做当甩手掌柜，那你失败的概率就会很高。其实，很多看起来优雅美丽的小店都是不赚钱的，店主或者另有其他方面的收入来源，或者艰难挣扎，正在试图扭转局面。店主事事精通，亲力亲为尚且生死悬于一线，你什么都不懂怎么可能轻易成功？

我有一个朋友，是马来西亚的华人，也是马来西亚最早的一批游戏行业从业人员，后来娶了一个南宁姑娘，定居到了南宁。由于南宁 IT 行业并不发达，他找不到合适的工作，经过了非常痛苦的转型过程，如今，他已经是葡萄酒高级品酒师，而且是业内小有名气的葡萄酒讲师，经营的葡萄酒零售店也已经走上了正轨。这一切，是他用了几乎两年的时间去学习葡萄酒知识的结果。你，有这个决心吗？

我有一个闺蜜，前不久从工作了 9 年的公司辞职，经过了一段时间的疯狂放松之后，她说她想开一家有格调的面馆。我对她讲了上面我提到的所有困难之后，也帮她拆解了下一步需要做的工作。

选定榜样。

不管你想开咖啡馆也好，面馆也好，都要找个参照。这个参照应该是同城同类型的店铺，而且是同类店铺中经营得比较好的，最好能找到前三名中的两家。然后，分别在不同的时间，如周末和平日，中午和晚上，带着不同的朋友，去那里就餐。观察他们的一切经营细节以及客流状况，以及估算他们每桌的收入。同时，听取你的朋友对这家餐馆的看法。这个工作可能要重复很多次，直到你点遍了他们所有的餐食，几乎吃到要吐为止。

然后，你还要对榜样进行全天候的观察，选择街对面的一家咖啡馆或者酒店，从餐馆开门迎客前就蹲点在那里观察，记录全部的客流情况，甚至包括每波客人的到达时间和用餐时长。算算他们的翻台率，基本上可以估算出一天的流水是多少。还可以观察一下他们供货商供货的情况，以及了解一下店面租金，点算一下员工数量，就可以基本判断出这家店是赚钱还是赔钱。如果它赔钱，你哪些地方能做得比它好，有信心赚钱？如果它赚钱，你和它对比有哪些优势和劣势？能做到和它一样赚钱吗？

寻找前浪。

在亲戚朋友当中，寻找开过餐饮店的人，找他们去咨询一下。不管是只有两平方米的奶茶店，还是承包过单位食堂都好。听听他们作为过来人的成败经验，会很有帮助。而且还可以通过他们认识一些搞餐饮的人，作为人脉也好，聘请来作为员工也好，都是很有益的。

做足市场。

作为餐饮店，选址自然是最重要的，关于这方面的书和文章很多，这里就不展开说了。唯一提醒大家的就是，同等条件下，建议优先选择大型商业中心或者写字楼内部的店址，你会获得一些附加的服务，也可以让你省却很多麻烦。相比之下，民宅是比较不好的选择。店址本身也是一种宣传。

在 OTO 的潮流下，你想好怎么推广你的店了吗？你原有的职业经验、圈子和人脉是不是可以利用起来？线上营销，开电商，送餐，公众号，朋友圈营销，利用媒体炒作……很多传统的餐饮从业者不会做或者做不好这些，而转型到餐饮的女白领们，对于这些应该能够驾轻就熟。

开小店赚钱，很难，但不是不能做。只要有毅力，肯用心，也可以做得很好，关键是你要喜欢，这才是最重要的。“知之者不如好之者，好之者不如乐之者”嘛！

# 第 15 课 离钱越近，离成功越近

前面说过，创业的本质是做成一件事。但是，衡量做成一件事的标准又是什么呢？市场占有率？销量？品牌知名度？用户数量？似乎不同的行业有不同的标准，但归根结底唯一统一的标准，那就是钱！做成一件事的先决条件又是什么呢？决心毅力？团队？技术？好像都不准确，唯一放之四海皆准的必要条件，又是钱！

钱不是万能的，但没有钱是万万不能的。创业者不要认为谈钱是可耻的，不赚钱的创业者才最可耻！尤其是那些拿了别人投资还不赚钱的创业者，本质上和那些借钱不还的老赖没有什么两样。

在不影响大的战略方向的基础上，早赚钱，快赚钱，赚更多钱，才能保证事业走向良性轨道。如果你所做的事情是离钱更近的事情，那么你离成功也就更近。

那么，什么是离钱比较近的生意呢？开个小店肯定是，没有不开张的油盐店，你只要开门迎客，就有收入。那比较远的是什么呢？你不能直接面对你的用户，要通过渠道，这之中就不免会产生押款或者压货的现象，几个月的账期，还可能要不回来账，稍微有点意外情况，对于初创的小公司都可能是致命的。这里所说的意外不一定是遇到骗子或赖账，对方公司倒闭，经手人离职都可能引发一场灾难。这些都是你不可控制的。可控制的钱比较近，不可控制的钱即使看上去比较近，实际上也可能比较远。

在互联网或移动互联网领域，做一个游戏肯定是离钱近的生意，只要团队具备专业的技术和设计能力，产品出来没有重大漏洞，提交上线之后总会有人下载，有人付费，就算是自己不运营，只要产品不是太差，也能找到一家发行公司代理出去，拿到一笔版权金。当然，如果游戏品质不佳，你可能只有微小的流水，赚不到太多钱，不管怎么说，你总能真正看到钱。但如果你做的是个 APP，功能性和社区性都不错，它也确实解决了一部分人的需求，甚至在某段时间引发了轰动，然后呢？你通过什么收钱？把其中一部分功能设置成收费的？你会发现人们已经习惯于使用各种免费的互联网产品，付费意愿非常低。而且你还有很多竞争对手，你收费，对方不收费，用户翻脸比翻书还快，瞬间就跑到对家去了。

卖广告？大部分 APP 都是这么做的，但是这又直接影响了用户体验，还是会有一部分人流失。尤其是那种功能简单，缺乏强交互和强社区性的 APP，都会遇到这样的困扰。

还有那些网红自媒体，粉丝几百万上千万，看上去很美，但钱从哪来？接广告接软文？没问题，相关的公司很多，按照粉丝数量明码标价，你定价高了，能接到的单子就少，定价低了，其实能接到的单子也不多。除了那几个内容设计极好的网红自媒体能接到一些实打实的高价单子之外，其他大部分人也没法指着这个发财。所以，很多小自媒体和小网络平台，都在寻求变现之路。

前几年有个概念很流行，叫“在星巴克要点大杯拿铁”，意思是说，星巴克的咖啡成本当中，店面和人工成本所占的比例极大，而原料成本所占比例极小，点小杯咖啡和大杯咖啡一样，都要占用同样多的店面成本，都要耗费同样多的人工，因此，点大杯咖啡只要多付很少的钱，就能够喝到加倍的原材料（其实主要是牛奶），相对来说就更划算一些。同样道理，我们反过来看电商，出库、包装、填单、发货所占用的成本，每一件商品都差不多，如果商品单价比较高的话，相对来说这些成本的比例就会减小，你就会更赚钱。因此，客单价过低的电商，利润就更低。一般来说，大型电商的平均客单价如果达不到 100 元钱，真的就很难赚钱了。

而那种淘宝小店的客单价，低于50元也很难做。个人建议是越高越好。我有一个闺蜜，以前是游戏行业的中层，结婚以后觉得在游戏行业工作太累，就辞了职。辞职之后又闲得发慌，就和一个朋友开了个淘宝店，卖小首饰。公司弄得很正规，还注册了天猫店。产品也是直接从厂家进货，进价很便宜，售价从十几块钱到几十块钱不等，最高的也不超过五十块钱，东西质量还行，闺蜜本身就是学美术的，也懂得挑选比较漂亮的款式。店开起来了，生意还不错，从早上一睁眼直到深夜，旺旺都响个不停。客人虽然多，但大多数人都只买一两样东西，客单价不超过50块钱，可这一两样东西，要在她们的小库房翻找很久才能配好，然后包泡棉，附上手写的小卡片，再装进小盒子，封箱，打单子，贴单子，叫快递发出去……和卖大件商品一样，这一系列流程一样都不少。一年以后，闺蜜关了店，总结起来就是一个字——累。发货的工作太繁杂，身体累，客服的工作量太大，心累。

我给他算了一笔账，如果她们卖的是定价在200元以上的高档首饰，情况立刻不一样了，原来一单赚20元，现在一单赚200元，就算是销量降到十分之一，收入还是一样多，但是工作强度也减少到十分之一，两个人就有更多的时间逛街、喝咖啡、做美容了，这才是她们想要的半创业半休闲生活，不是吗？闺蜜深以为然，但是却发誓再也不做电商了。

现在闺蜜在写书，希望成为下一个起点女频的新星。这也是一条竞争惨烈的半创业之路，也是一个离钱不太近的领域，女频想要靠打赏赚大钱，并没有那么容易。那些早年间成名的小言作者，字数写了不少，钱没赚多少，唯一的收获就是多少圈了几个粉儿，于是就在微信上卖卖旗袍汉服头饰手串什么的。产业链很简单，从别的淘宝店几十块钱批发过来，转手卖到几百块甚至上千块，反正自有脑残粉来买单，一周卖上一单就足以糊口了。这不是转了一个圈又回来了吗！

# 第 16 课 多种方法激发你创业的灵感

可能你现在胸中的创业激情无法抑制，也选定了一个大致的创业方向，但是具体做什么却总是想不好，或者是混乱而没有头绪，或者是觉得这个也想做，那个也想做，难以取舍。这就像汹涌的洪水被堤岸拦阻，找不到宣泄的出口。这很正常，非但是创业要经过这样一个阶段，就算是文化艺术创作也要经过这样一个阶段，厚积而薄发，才能创造出更大的势能。

也许会有人说风凉话，说你都没想好做什么还创什么业啊！其实这种情况再常见不过了。我在 2010 年创业的时候，整个团队从原来的公司第九城市出来，大家想着借原来的端游开发经验，迅速做一个微端游戏出来抢占市场，可没做几个月，就发现智能机手游逐渐崛起，微端游戏就是一股流行风潮，热度已经消退，于是我们立即掉转船头，开始开发手机游戏。大的方向是做游戏，这个是战略方向，想好了肯定就不会改变，但具体怎么做？做什么类型的游戏？在什么平台上做？则要根据市场状况做灵活的调整。

别的产业也是一样，技术在进步，市场在变化，用户在成长，竞争对手不知道会突然从哪个角落里冒出来，这些都可能促使你在细节方向上做出应对。譬如你想要开一家纯粹的咖啡馆，只提供松饼和蛋糕之类的甜点。当你选好店址之后，你发现附近类似的咖啡馆有三家，而却没有一家西餐馆。而周围的居民消费水平不低，对西餐也有需求，这时候你就应该考虑把咖啡馆变成西餐馆是否可行。这样可以回避竞争，并且填补需求的空白。

如果你处于找不到具体方向的阶段，那么应该怎么办呢？前面说过了，创业和文化艺术创作是共通的，都需要寻找灵感，怎么寻找灵感呢？

还是先拿出一张 A4 纸来，一条一条，写下你拥有的技能。包括你在工作中获得的技能，如商务谈判和做 PPT，也包括你在学校中获得的技能，如测绘或金工，还可以包括你的业余爱好，如弹钢琴和跳舞，甚至连非常擅长换轮胎都算。一条一行，应该至少要写满一页纸，甚至更多，如果写不满，说明你对自己的潜能挖掘得还不够深入。

然后，针对你想要创业的大方向，在每一项技能后面做发散性的联想。譬如你想做一个关于儿童教育的 APP，那么你在弹钢琴后面能联想到什么呢？一个汇集了很多钢琴曲，可以胎教和管理婴儿行为的APP？一个可以上传孩子弹奏的钢琴曲并打分的社区？一个钢琴指法教学的APP？一个钢琴家教的信息服务平台……我们可以这样尽情地发散下去，每一项技能多少不拘，联想出几条或者十几条都可以。

将所有的技能点都联想完毕之后，我们可以来做一下连连看的游戏，某项技能后面的想法A，和另一项技能后面的想法B，是不是可以结合在一起？如果可以，再完善一下，看看还能不能把想法C和想法D拉进来……随着想法的逐渐融合，它们就会变得更加成熟和完整，从一个想法蜕变成了一个方案。你可以组合出这样五六个方案，有的比较完整，有的很明显像是切掉了几个角的比萨，不过没有关系，我们还有下一步。

再列出你的父母、兄弟姐妹、丈夫和你最好的朋友的名字，一个人一个人地对照那些方案去看，同时问自己这样一个问题：在这个方案中，这个人能帮到我什么？无论是知识、技能、经验，还是人脉关系都可以，如果有，就记下来，这样一来，你的方案就会更加丰满。

如果你已经有了合伙人，可以请合伙人也加入到这个游戏当中来，跟你一起照方抓药做一遍，也让他选出他的几个方案。最后把大家的方案放在一起，你可能会发现它们之中有几个是有交集的。把这几个有交集的方案再拿出来讨论，基本上就可以选定一两个最适合的方案了。选定之后，沉淀几天，大家都回去仔细想想其中的得失利弊，再来讨论。经过这样几轮，一个非常详尽具体，而大家又都赞同的创业方向就出炉了。

如果你没有合伙人，也没有关系，自己慢慢去琢磨，花一点时间做一下调研，或者是一字一句地把详细方案写出来，这些都是让自己的想法成熟完整的一种手段。有时候你写着写着，突然就有了灵感，原来一些想法的碎片，瞬间就被一根丝线串了起来。

# 第 17 课 刚需更容易让你迅速赢得客户

选定了适合的创业方向，我们还要再来评估一下，你的创业方向是刚需还是非刚需。刚需就是刚性需求的简称，一般多用在房地产行业，简单说就是：你要结婚生小孩，你就要买房，这就是刚需。至于非刚需则是你有房子住，买房是为了改善居住条件或者投资升值，需求就没有刚需那么强烈，如果价格不合适，可以暂且不买。

我们可以把这个概念扩大到一切商品和服务领域，那就是，如果你提供的商品和服务对于你的用户来说是必需的，不可替代的，就是刚需。反之则是非刚需。

并不是说你的创业方向是非刚需就没有价值，而是刚需或许更容易让你迅速赢得用户，扩大市场。如果你的创业方向是非刚需的，那么我们可以看看能不能稍微转换一下思路，偏移一个小小的角度，让非刚需变成一定程度的刚需或者绝对的刚需。或者说在你的创业大方向范围内，我们经过分析，找出其中比较刚需的部分，作为业务的突破口。

对于一般的产品和服务来说，刚需和非刚需不像房子那样泾渭分明。但是我们通过一个简单的比较就能很容易区分了。首先把你所有的化妆品（或者护肤品）都拿出来，摆在桌面上，试想你现在失业了，花在化妆品上的钱要削减一半，那么其中哪一样用完之后就不会再买了，会换成较为便宜的牌子？而哪一样你宁可节衣缩食也要继续用？对你来说，前者就是非刚需的商品，后者就是刚需的商品。如果再假设你更穷了，在衣服和护肤品之间你必须选择一样，如果你宁可穿旧衣服也要买好的护肤品，那么护肤品对你来说就是刚需；如果你宁可用清水洗脸涂凡士林也要买新衣服，衣服对你来说就是刚需。如果进一步假设你破产了，只能随身带一个小包到处流浪，这个小包里你会装什么？这些对你来说都是刚需。

看到这里，你可能会说，那就只有跟最低生存标准有关的才是刚需了？吃饱穿暖，卫生巾，牙膏，手纸……其实并不是，现代人之所以购物，除了满足生存需求之外，更多的是满足心理需求。

很多女性选择在双十一疯狂购物，而且她们购买的商品很多都是最常见的日用消费品，难道她们平常买不起这些洗发水和洗衣液吗？当然不是。双十一购物，除了获得购买商品的快乐之外，还有一种盛大的参与感，更重要的是，大量购买打折商品带来的占便宜的快感是无与伦比的，同时附加的还有对自己头脑灵活、勤俭持家的正面评价，这些带给她们的愉悦，已经远远超出了一瓶洗发水的价值。

经济萧条时期，文化产业反而会更加繁荣，也是同样的道理。经济迅猛增长时期，人们会把更多的时间放在挣钱上面，挣到的钱也会用来购买不动产和高价值商品或服务，如汽车、旅游等。当经济衰退到来后，人们不再有那么高涨的工作热情，有太多休闲时间需要填满，但是又没有太多的钱，这时候文学、电影、游戏等廉价的，适合消磨时间、减轻压力的文化娱乐活动就会空前繁荣。

还是举前面说过的西餐厅的例子吧，西餐厅相对来说不是刚需，很少有人一个人去西餐厅用餐，多数都是和朋友或客户一起。大部分人也不会天天去西餐厅吃饭，只会偶尔去换下口味。如果这个时候你发现，你的西餐厅选址附近有很多高档写字楼，每到中午，成群结队的白领都会出来觅食。但周围的快餐店很少，且大多挤满了人，有些人只好去那些卫生条件极差的小店一边抱怨着一边用餐，或者走10分钟路去更远的地方用餐。对于白领来说，中午用餐是刚需，那么你的西餐厅能不能提供三四种商务午餐，以吸引这些白领呢？

因为是刚需，就会有很多回头客，他们来得多了，就有可能带朋友和客户用正餐，不是吗？

前面也举过闺蜜做营养类平台创业的故事，营养不是刚需，她很难打开局面，但减肥是刚需，是业务最好的突破口。同时减肥也是营养的一部分，把这一部分先做起来，做大做强，再慢慢带动诸如老年保健、孕产期营养等内容，就能把平台越做越大。

# 第 18 课 选择大众领域还是小众领域

说完了刚需与非刚需，再来说说大众与小众。

如果你的产品是面向最终用户的，而不是 TOB 的，你还要考虑一下你的用户群大小的问题。如果你卖的是牙膏，你的潜在用户就是所有人；如果你卖的是卫生巾，你的潜在用户就是所有女性，刚好是牙膏的一半；如果你卖的是奶嘴，你的潜在用户就是所有的 0～3 岁小婴儿，潜在用户数量就会比前两者少很多。

在文化产业的四大分支：影视、游戏、动漫、文学当中，影视是受众面最广的，从城市到乡村，几乎有电的地方就有电视信号，就能看上电视。接下来是文学，只要不是文盲，都有可能成为文学的用户，只比影视多了一道门槛。再接下来是动漫，庞大的儿童用户，加上成年人中的动漫迷数量，大概有影视用户的五分之一到十分之一。最后是游戏，游戏和前三者不一样的地方在于，它是需要操作的，前三者只是被动接受，而操作是需要技术的，这可是一个不小的门槛，游戏的实际用户数量比较难估计，但应该会略小于动漫人口。如果你拍了一部影视剧，夺得了当年的票房冠军或者收视率冠军，基本上就能做到在中国家喻户晓，尽人皆知。但是如果你做了一个手机游戏，即使在排行榜长期霸榜，但也只有游戏玩家的小圈子里知道，不信你去问那些跳广场舞的大妈，她们肯定知道《甄嬛传》《芈月传》，但不一定知道《皇室战争》。这就是大众和小众的区别。

当然，不一定大众领域就好，小众领域就不好。大众领域面临的竞争也更大，有很多大集团公司、百年老店像一座座山一样伫立在那里，让你望而却步。而某个小众领域则有可能是一片空白，所有人都如饥似渴地仰望着，等待你的产品或服务去满足他们的需求。

一个初创的小公司，通常都是从一个相对小众的领域起步的。但是，我们还是要对这个小众到底有多小做出一番评估，才能做到心中有数。

首先你要知道盘子有多大。

举个最夸张的例子吧，近两年媒体经常鼓吹二次元内容创业，说二次元人口竟然有2.6亿！中国人口14亿，也就是说每五个人当中就有一个二次元人口，可能吗？对了，我们还要扣除0~4岁的婴儿，占总人口的5.6%；50岁以上的老人，占总人口的22.24%，又扣除了4亿，这就意味着每3个儿童少年青年壮年当中就有一个二次元人口。其实我们还要扣除这批人当中的低收入群体和贫困农村群体，也就是每两个人当中就有一个二次元人口？这种在风口浪尖上被热炒的小众领域人口数最容易被夸大，所以一定要擦亮眼睛，通过大数据＋小调查，估算出最准确的数值。

然后你要知道你能探触到的人数有多少。

全中国人都要吃饭没错，但是不可能每个人都要来你的餐馆吃，所以你还要算一算，在最乐观的情况下会来你餐馆就餐的人数，周围一公里？还是两公里？因为地处大商圈，所以半径更大？因为你的营销很好，会有人慕名前来？因为处于交通枢纽，会有很多路过的客人？

如果你要做的是个互联网产品，你可以认为你的大盘子当中，拥有相关设备（如手机或电脑）的人都是你能探触到的人，但事实上并没有那么乐观，你要根据的你的营销力度，取一个合理的百分比。

接下来，你要知道通过什么途径找到这些人。

如果你要做一个军事题材的游戏，很简单，网上那些军事社区里的人都是你的目标用户。军迷这个人群自成一个圈子，圈子内部的交流又很活跃，属于非常容易找到的一群人。但如果你的目标用户根本不混圈子，散落在社会的各个角落，找到她们的确有些困难，可能你要花相当长的时间，等待自传播的发酵，或者花费巨资去推广。

最后，你还要知道这些人当中的恩怨情仇。

这一点很重要，越是小众的领域越是黑箱化，各种历史、典故、圈子黑话、鄙视链以及各种或明或暗不可触碰的红线，都够你了解一阵子的。如果你的产品一不小心触了雷，可就满盘皆输了。例如明朝粉儿们经常抱怨故宫的文创周边偏着清朝，很少有明朝题材的，故宫淘宝就推出了一个明朝的系列，却偏偏用了朱元璋那张杧果脸的画像，明朝粉儿们一向认为那张画像是清朝人的诋毁之作，朱元璋应该是面如满月慈眉善目的。这一下可是捅了马蜂窝，微博上一片反对之声，销量自然也好不到哪里去了。

做小众市场，人数可能会限制你发展的上限。所以你还要算算，就算你能探触到的所有人都购买了你的产品或服务，并且按照行业合理的留存率，3 年或 5 年内，你的极限流水能做到多少？利润又有多少？有时候，可能算下来的数量是很令人泄气的，就算在这个领域内你没有竞争对手，就算你的产品或服务让所有潜在用户满意，你赚到的钱也不足以支撑你的公司上市，那么你就需要在公司发展到适当的规模后进行多元化经营。

我出版的第一本非虚构类的书叫《人本游戏》，是一本关于游戏心理学和游戏理论的书籍，我自己觉得销量平平，但编辑告诉我，游戏理论类的书，这样的销量差不多已经快到顶了。因为会去买游戏理论类书籍的人太少，这种题材太小众。我的第二本非文学类的书叫《引爆IP》，副标题是“影游漫文超级IP打造之道”，其实还是小众的东西，但同时面向了包含游戏在内的四个产业，潜在用户数量也就扩大了四倍，尽管定价比较高，但是销量还不错。这就是从小众领域扩大到大众领域所带来的利好。你在做一个小众领域创业方向的时候，每一天都应该去考虑，将来如何对领域进行扩大或迁移，这样才能让事业进一步发展。

# 第 19 课　找风口，还是找翅膀

站在风口上，猪都会飞。

这是雷军说过的一句话，他自己曾经解释过这句话的含义："创业成功的本质是找到风口，顺势而为。"

中国人的民族性当中，就流动着"一窝蜂"的基因。也许是长期人口众多，资源匮乏，所以干什么都喜欢一拥而上，生怕自己落在人后。前几年手机游戏行业火爆，无论是投资商还是创业者，一窝蜂跑来做手机游戏，据说当时仅成都就有几千家手机游戏公司。这两年手机游戏热度退了，VR（Virtual Reality，虚拟现实）和 AR（Augmented Reality，增强现实）又火了，似乎还是那些投资商和创业者，又一窝蜂去做 VR 和 AR。这些人在选择创业方向的时候，似乎更喜欢研究产业形势，寻找下一个风口，而并不在意自己是不是喜欢，是不是擅长，是不是能驾驭。

风口上的猪，被吹到了天上，每个人都能看到。这样的情形很容易让人误认为，只要找到了风口，猪也好，羊也好，阿猫阿狗也好，都能飞上天。可人们未必知道，天上的那头猪也许辛苦减肥了好几年，也许憋着一股气，也许有一双隐形的翅膀，或者干脆肚子里全是氢气，自充的！人们也未必能看到，这个风口消失的时候，这头猪从天上跌下来，摔成一摊肉泥的惨状。那时候，人们或许都已经簇拥在另一个风口下面，看另一头天上的猪呢！

找风口固然重要，但它绝对不是创业成功的决定性因素。有风口的借力，成功会更容易一些，如果没有风口，也未必不能成功，甚至可能比有风口做得更好。唯一要注意的一点就是，千万不要逆风而行。记得知乎上曾经有一个问题是“怎样在最小的篇幅内写出令人窒息的绝望感”，我的回答是“三年前，我卖了北京三环边的三居室创业做端游”。这里所说的端游指PC客户端网游，类似《魔兽世界》《传奇》这样的游戏。端游的发展增速已经放缓，虽然老端游还保有一定的生命力，但近几年出品的新端游几乎没有成功的，就算有，也是腾讯等大厂出品，投资上亿。卖一套三居室几百万元的投入，注定是要打水漂的，而这三年房价飞涨，如果留着房子，应该也能赚到不少。这就是典型的逆风而行的例子，选择了一个夕阳西下的创业方向，而且投入还不足，不死都没天理了。

看到风口的天空中已经有了猪，再冲上去必死无疑，因为风口已被填满，没有你的位置，你只有为掉下来的猪当人肉沙包的份儿。甚至看到风口已经形成再往前冲，也为时已晚，因为很多风口上的猪其实已经准备了很多年，任何人的成功都不是侥幸，你认为他是侥幸，只是因为你没看到他背后的故事。

2016 年暑期，由任天堂等联合制作开发的 AR 手机游戏《精灵宝可梦 Go》火遍全球，几乎同时，一款和它非常相似的国产手游《城市精灵 GO》也悄然登上了 App Store 免费榜榜首。很多人都认为这是一款蹭热度的“风口上的猪”，殊不知这款游戏从 2014 年年初就开始开发了，几乎和《精灵宝可梦 Go》同时，而且它早在 2016 年 4 月份就已经上线，当时表现平平，并没有引起业界的注意。直到《精灵宝可梦 Go》火爆之后，玩不到《精灵宝可梦 Go》的中国玩家，通过搜索找到了《城市精灵 GO》，这款游戏才渐渐热了起来。这头“风口上的猪”默默努力了两年，终于赶上了一个风口，这是一个励志的故事，而不是一个侥幸的故事。与其说他们幸运，不如说他们坚韧。

对于风口，要抱着“成固欣然败亦喜”的心态才好，不把赌注压在风口上，但要积极地寻找风口作为助力，一旦遇到风口，一定要抓住机会，奋力一搏。如果遇不到风口，也要顺其自然。而不管有没有风口，首先练就一双过硬的翅膀才是关键。

# 第三部分

# 梳理自己的创业资源——创业车马未动，资源粮草先行

你的脑海中产生了一个想法，你在未来数年都要为这个想法而奔波操劳。在人生当中，生一个孩子和创立一家公司是如此的相似，都需要你为这个想法全情投入数年，承担责任一生。同样，这两个想法也都需要做大量的前期准备，怀孕之前要备孕，创业之前也要做好方方面面的准备。

我们先来看看备孕要做些什么吧！备孕分为两方面，一方面是身体的调整，一方面是心理上的建设。检查身体，戒烟戒酒，健康饮食，摒弃不良生活习惯等，这是身体上的。精神上的包括心理调整，对未来的规划，以及学习孕产常识等。

备孕也不是孕妇一个人的事情，而是夫妻二人甚至一个家庭的事情，丈夫要配合，父母要支持，甚至家庭的很多重大决策也要随着备孕而改变，譬如迁居、买房、换工作等。

同样道理，准备创业，也应该像备孕一样，从以上几个方面入手。

# 第 20 课　处理好家庭关系，防患于未然

我问过很多创业的闺蜜这样一个问题，你创业中最大的困扰来自哪里？相当一部分人不约而同地回答，来自家庭。按道理说，家庭是一个人最坚实的后盾，女性在创业的道路上冲锋陷阵的时候，理应得到家庭更多的支持，而不是更多的困扰才对。然而，很多创业女性应付得了商场上的刀光剑影，却因为最亲密的人一句泄气的话而败下阵来。

这样的情形是不是很像那些深受父母逼婚困扰的职业女性？她们在公司里精明干练，在商务谈判中词锋尖锐应付自如，但是却不知道怎么安抚父母催婚逼婚的唠唠叨叨。还有一些女性，她们是职场上的女强人，铁腕的女主管，但同时也是家暴的受害者。看似截然相反的两个角色，却经常出现在同一个女性身上，原因何在？

当今社会从整体上来说，还是一个男权社会。男权社会给女性的定义就是柔弱的，从属的，相夫教子的。优秀的职

业女性，大龄不婚的女性，以及创业的女性，都不符合男权社会对女性的角色定位，因此她们都要承受来自家庭和社会的更多压力。对于来自社会的压力，很多女性能够应付裕如，因为毕竟是外人，置之不理或坚决回击都不会有什么心理困扰。但是面对来自亲人的反对意见，很多女性就不知道该如何应对了。

创业是一场旷日持久的硬仗，创业之前，一定要和家人深入沟通。

如果你已经结婚了，首先要跟另一半做一次长谈。把你的想法，你的规划，你的目标，事无巨细地都说给对方。如果对方不支持或不完全支持你创业，那么你们可能需要更长的时间，更多次讨论去沟通这个问题。在这个最基本的问题上，一定要达成一致。

如果双方就创业的问题达成了共识，接下来就要列举创业给家庭带来的改变了。

还是准备好我们的必备武器——A4纸，首先要列出经济上的改变，这是最重要的，你的创业是否需要自己投入一部分资金？这部分资金是你个人的私房钱，还是家庭的储蓄？这是首先需要沟通清楚的。还要预估一下，如果经营得不顺利，或者没有按照预期拿到投资，会不会需要再追加一部分资金？这部分钱又从哪里来？大约是什么时间点需要？半年后还是一年后？虽然这一点很难预估，但是也要事先有个大概的估计。后续还会有第三次投入吗？那么总的投入大约需要多少？或者说，当投入到多少的时候，就绝对不会再投入了，如果还没有起色，就承认创业失败。这个止损点事先也一定要估算好，并且需要双方达成一致。

同时，还要估算一下，在最乐观的情况下，公司什么时候开始盈利？你什么时候能让家里花上你挣的钱？这个时间节点在哪里？大约每月会有多少钱？以后的每个月或者每半年，你能不能拿回来更多的钱？在这个问题上尽可以大开脑洞，充分想象，没有关系，这样一个目标也会成为你创业的巨大动力之一。

或者你的规划是不管挣了多少钱，你都会投入到公司里面去，继续扩张你的事业。那么可能就要约定好，什么时候你会带一大笔钱回家，让全家人实现财务自由？这个节点可以是时间，五年？十年？也可以是公司估值达到一个标准，还可以是上市或者某一轮融资，怎样都好，但是一定要有个约定。很多创业者和家庭的矛盾都是因为这方面没有沟通清楚，所以家人就会有抱怨：明明经常看到你接受采访，媒体报道说你公司已经估值多少亿，为什么家里总是见不到钱呢？

关于钱，最后还要约定好一点，就是你的工资。很多创业者在公司初创时期自己是不拿工资的，或者只拿几千块钱的生活费，这一点一定要跟你的另一半说清楚。然后还是一样，要约定好这种不拿工资或者降薪的情况要持续多长时间，最乐观的估计和最不乐观的估计分别是什么。

说完了钱的问题，再拿出一张纸来，说说时间的问题。

创业一定会给你的生活带来很大改变，最大的改变就是你不再是朝九晚五的白领，而是生活和工作界限模糊，全天24小时待命的创业者。没办法，经常会有突发情况需要半夜处理，譬如服务器宕机，或者媒体爆了负面消息等。以前在大企业，会有不同岗位不同的人分别处理这些事情，而作为初创公司，处理这些事情的只能是你自己。

所以，有很多家里的事情，你不再能承担了，比如为家人准备晚餐，或者接送孩子去补习班。把这些事情逐一列出来，两个人讨论一下解决方案，或者请双方老人帮忙，或者雇一个住家的保姆，或者由男方承担，或者寻找替代方案。

同时，创业也给了你更灵活支配时间的自由，如果你另一半的工作对于考勤要求十分严格，或者上班地点非常远的话，也许你可以比之前多承担一些突发、临时性的家庭事务，如带孩子看病之类，这样对方就不用为请假困扰了。

把这些都写下来，讨论清楚，让两个人都了解创业的利弊，会使以后的生活更顺畅。

接下来就是跟父母的沟通了，毕竟隔了一代，老一辈人对于创业天生有一种畏惧感和排斥感，尤其是自己的女儿要创业，多数老人家是不太赞成的。所以，跟父母的沟通不要事无巨细，只要告诉他们，自己要创业了，做自己喜欢的事情，虽然累，但是自己很开心，而且将来有可能赚大钱。这样就足够了，最好不要说得太具体，除非父母的职业经历和人脉对你的创业有帮助。

为什么不能说得太具体呢？有时候，父母会出于关心，反而帮倒忙。譬如说，你开办了一家游戏公司，做得好好的，父母突然打电话过来，“我看报纸上说啦，政府要对游戏加强审核了，你们没事儿吧？”或者是“我看电视上演了一个什么公司，游戏出口到美国去了，你们要不然也跟他们学学？”你跟他们解释吧，要花费很多口舌，他们还不一定能听明白；你敷衍几句吧，他们又会觉得受了冷落，好心被当成驴肝肺。所以，还不如一开始就不说明自己创业的业务方向，他们不懂，也就省却了很多麻烦。

再有一点就是，一定要跟父母事先沟通好，对于你的创业，他们可以不支持甚至不闻不问，但是千万不要打击你的斗志，在精神上扯你的后腿。很多创业失败的人回想起自己最艰难的那段日子，总是会说最大的打击来自跟自己最近的人，可能是一起并肩战斗的伙伴，也可能是父母亲人。“早就说让你别创业，别创业，看吧！这下被人骗了吧？”“闺女，咱不创业了行不？遭那罪干吗！就凭你这聪明伶俐劲儿，在哪儿找不到个月薪一万的工作啊。”“你折腾那个创业也折腾好几年了，也不知道折腾出了什么玩意儿？”这种话的杀伤力特别大，类似的话，很多中国孩子从小时候选择兴趣班、高考报志愿、找实习工作的时候就开始听，现在到了创业的时候还是要听。

在人生的某些阶段，我们需要挣脱原生家庭给我们带来的境界上的桎梏，而创业在某种意义上就是在这一层面上突破格局。这种情况下，和原生家庭的冲突不可避免，我们只能通过一些技巧来化解。

比如，不论你创业顺利还是艰难，都要对父母报喜不报忧。最简单的方式是：只要你和你的公司在媒体上有曝光，就拿给父母看。岁数大的人多半对媒体依然保有敬畏之心，根本不懂得什么品牌宣传、软文、自媒体一类的东西，只要他们看到有媒体会报道你，就会觉得你做得不错，在感到安心的同时，也有了跟朋友吹嘘的资本。你让他们有面子，他们就不会太反对和干涉你正在做的事情。这是不传之秘，百试百灵。

还有一种父母与子女之间的负面交流我把它称为“多喝水”。“多喝水”这句话并不是坏话，但是对事情并没有任何帮助，有时候还会让人烦躁。譬如，你的产品出了质量问题，全公司都在紧张地加班善后。这时候妈妈的电话打过来了：“怎么又加班啊？吃了没？不行不行！不吃晚饭怎么行！你赶紧去吃饭！什么事儿啊天天加班，你就不能让他们加，你别管？你不是老板吗？”这话当然是关心话，但是又让人不知道怎么回，而且正忙得焦头烂额的时候，听到这样的话真是烦躁得想要摔电话，但对方是自己妈妈，又不能这么做，一口气憋在那里，别提多难受了。类似的话还有："怎么又出差啊！上礼拜不是才出差回来吗？一个人出差啊？一个人多不安全啊！以后这种事情能不去就不去，你就不能派别人去？"

解决方案就是把这本书拿给妈妈看，告诉她，这种话会让你困扰，会严重影响你的工作情绪，让你瞬间失去斗志。创业如战场，战场上失去斗志的下场就是失败。如果父母不想让你失败，就请一定不要说类似的话。

# 第 21 课　梳理人脉，厘清思路

看到这一章，你应该已经找好了创业方向，并且理清楚了思路，有了相对详尽的方案和细节。你对于创业要做的“事”已经考虑清楚，接下来就是“人”了，这个“人”指的不是创业伙伴，而是能为你的创业提供帮助的人。

这里所说的帮助五花八门，可能是成为你的合伙人，也可能为你推荐了个好会计，或者是会给你一笔投资，又或者是帮你找到了一个条件优厚的创业园区，甚至是成为你的商业合作伙伴，也许会给你介绍一个大订单，或者有一批办公设备可以以极低的价格转让给你……一切皆有可能。

所以，在这个阶段，你要梳理一下你的人脉。把手头的名片一一整理到手机通讯录上，然后是 QQ、微信、微博等社交软件。在整理的过程中，你要筛选出可能与你创业有业务关联的人。

然后，用你们之前最常使用的联系方式，短信、微信、

QQ 等即时通信方式最好，邮件次之，给对方发一条消息，内容可以很简单，只要说明你已经离开原公司，准备自己创业，创业方向是什么，希望能保持合作，这样基本上就可以了。如果这个人是在某个特定领域，你非常需要获得他帮助的人，可以在后面多加一句。例如他是个投资商，你可以加一句“公司正在注册中，等商业计划书出来之后发给您一份，希望得到您的指正”。如果关系比较好，你希望跟对方见面聊一聊，多听取一些对方的意见，也可以直接约时间见面。

在这种事情上，女性似乎有先天的优势，久未联系的女性突然找到自己，会激起一些男性的保护欲，这使他们更愿意为你提供帮助，尤其是那种举手之劳。你可以根据对方的身份和特长，有针对性地提出一些具体要求，比如帮忙找个技术合伙人，帮忙推荐在某某位置物美价廉的写字楼等，有可能会收到意外的惊喜。

一般来说，这样发送一轮过后，你两三周内的时间会被迅速占满。你会接到大量的信息，恭喜的，寻求合作的，找工作的，介绍资源的，等等。同时也会跟很多久未联络的人重新建立联系。在这个过程中，你可能能够筛选出一些有用的东西，也可能并没有太多有价值的资源，但是这个过程会让你接触到更多资讯，从而让你的思路更加明晰。而且，这样刷过一轮存在之后，你的朋友们都知道你要创业了，并且了解了你的创业方向，后续如果遇到合适的资源需要匹配，他们也更容易想起你。

此后，等你的公司真正开办起来的时候，可以举行一个小型的仪式，请这其中关系最好，对你帮助最大的人来参加。同时也可以给其他人寄一份小礼物，再度加深你在对方心目中的印象。这样两次强化，一般人都应该能记住你和你的创业公司，以及你的主营业务，为未来可能存在的合作打下坚实的基础。

# 第 22 课　给自己找一个创业的榜样

以前我接受媒体采访时被问过这样一个问题："你作为女性高管，对初入职场的女孩子有什么忠告?"我记得当时说了好几点，其中最重要的一点就是，"要看看这个行业和这个公司中，有没有你想要成为的女性前辈，她的职业成就，她的气质修养都是你所希望达到的理想中的状态。10 年后或者 20 年后，你希望成为她那样的人"。有了这样一个具体的目标，你的奋斗就有了动力，也许不用那么久，你就会成为甚至超越她。但如果在这个行业中，没有一个女性让你觉得值得作为榜样，那么有可能你的价值观不适合这个行业，或者说这个行业不适合你。要不然就是这个行业有些不太好的风气，不适合女性发展，或者行业性质决定了它不适合女性。这时候你就要重新审视你的选择，因为这可能是一条万分艰难的路。

求职如此，创业也一样。在你所创业的领域中，找到这么一家公司，作为你的榜样和努力方向。然后搜集这家公司的一切公开资讯，整理成详细的资料。

首先从它的起步开始，弄清楚其创始团队的人数、资历，资金投入，跟自己目前的条件做个对比，自己在哪方面优于它，哪方面弱于它，优势的方面怎样才能更发扬光大，弱势的地方如何才能补足。

再按照时间线，去看看它在创业开始后在哪些时间点上做到了什么，什么时候拿到了第一笔投资，什么时候开发出产品原型，什么时候扩大了团队规模，什么时候和最重要的合作伙伴达成了合作，达成这个合作之前他们花了多少时间和人力去寻找这个合作伙伴……不同的行业可能有不同行业的重要节点，把这些节点都找出来，做成列表，越细致越好。把这个列表作为自己公司未来发展的一个参照，就很容易判断自己的公司到底是走得快了，还是发展慢了。

这家公司既然被你当作榜样，一定在行业内有一定名气，通过熟人介绍或者参加一些行业聚会，应该有机会认识这家公司的创始人或高层。约个时间和他们聊一聊，重点谈谈创业初期的得失成败，对你会非常有好处，如果对方能给你几点忠告的话，那更是意外之喜。如果找不到太高层的人，中层也可以，这样你对对方的运作模式会有更深的体会。

但是，也别忘了前面说过的风口理论，不同的产业，不同的发展阶段，对于企业的助力是不同的。同样的模式，两年前能够成功，两年后完全照搬复制，却有可能导致惨败。所以，我们必须提炼出他成功的因素中，哪些是放之四海而皆准的必然因素，哪些是顺势而为的借力因素，几年来整个产业的变化是怎样的，我们应该在哪些方面做出调整，等等。

总之，有一个明确的目标和模仿对象对于你事业的发展非常有益。近二十年的职场生涯中，我见过很多后辈职业女性的职场沉浮。有好几个姑娘以月薪达到一个什么数值作为目标而努力，她们无一例外都实现了自己的目标，而且很多人实现目标的时间都比她们的预期提前了不少。也有一些姑娘以在大城市买套小公寓为目标而奋斗，她们也都实现了自己的目标，买房还贷就是逼着你攒钱，逼着你努力，不然，你的钱都乱花了，最终什么也剩不下来。

创业不是上学，有作业，有月考，有期中期末升学考试，有现成的节奏和规则逼迫你去努力。创业的节奏非常不确定，需要你自己来把握。人是有惰性的，如果没有目标企业这样的参照系，你就可能节奏过缓而不自知。目标企业可以提醒你加快节奏：你慢了，快点儿赶上来！人家三年就上市了，你也要抓紧哦！

# 第 23 课　深入了解你创业方向的产业、对手及朋友

每一家公司都处于它所在的产业之中，不可能脱离开产业而存在，产业大形势对每一个公司都会产生影响。只不过不同的产业影响大小不同而已。零售业和餐饮业受整个产业形势的影响会比较小，而互联网、IT、文化等产业大形势对每个公司的影响则比较大。

我在在行、问咖、前辈等付费咨询平台上作为专家，解答有关游戏、IP 等文化产业相关问题时，经常会遇到这一类前来咨询的学员：有点钱，想要投资做游戏，但几乎没有玩过什么游戏，对游戏行业一无所知。而他们的问题都非常低端：游戏分为哪些大类？每种大类的市场份额如何？开游戏公司要经过什么审批手续？游戏是怎么赚钱的……这其中很多问题百度一下就能找到答案，让我有一种杀鸡用牛刀的感觉。

当然，创业之前先要了解整个产业，这是对的。找内行人聊，这个方法也是对的。尤其是你要创业的产业和你之前从事或熟悉的产业完全不同的时候，这一步就异常重要。换隔壁跑道，是很多创业者经常选择的创业方向，原来做 PC 端社区，现在改做移动端社区；原来做 HTML5 应用，现在做 HTML5 游戏……产业相近会让你做起来更得心应手，但是也会让你产生错误认识，自以为很了解这个产业。

曾经有位影视公司的老板找我咨询影游联动的问题，我当然是知无不言，言无不尽，对方对手机游戏行业也有一定的了解，显然也做了一些功课。但是聊着聊着，我发现我们说的东西越来越拧巴，似乎完全走向了两个方向，再深入了解我才发现，原来她不知道游戏是需要运营的！她以为游戏像电视剧一样，卖给渠道就可以不管了，她不知道游戏还要一周一个小更新，每月一个大更新，半年一个重大更新，不仅需要一个开发团队，还需要一个运营团队。虽然影视和游戏行业有近似的地方，但游戏可不是动画片啊！

所以，一定要非常深入地去了解你创业方向所在的产业，不放过任何细节，不要有任何想当然的地方。

除此之外，你还应该清楚你的对手是谁，有多少家，他们的业务细节是怎样的，他们分别有哪些优势和劣势，他们之间的竞争关系如何。

关于这方面的分析，我们可以采用桌游的方式。就以直播行业为例吧！假如你想做一个直播平台，那么就先要了解市面上的直播平台到底有多少家，他们的用户规模有多大，他们各自的特色是什么，以及他们分别有多少钱可以烧，等等。这些信息大部分可以通过公开资讯获得，只要你能耐下心来，在搜索引擎上多泡几天就好。少部分可以通过行业会议、市场调查报告以及与相关从业人员交谈获得，这些都不难。

有了这些资讯之后，我们还是拿出我们的标配装备，A4纸。在这张纸上画一个正方形，在上面打上 10×10 厘米或者 20×20 厘米的格子。这个正方形就代表直播领域的全部市场规模。我们以这个正方形的左下角为原点，画出 X 轴和 Y 轴。然后根据你对用户的分类，去定义这两个轴，譬如可以按照用户年龄划分，也可以按照内容划分，不限制方向的混杂内容？还是游戏等垂直领域？或者以主播为核心，还是以普通人社交为核心？再或者是偏娱乐性，还是偏教育或炒股那种功能性……怎么划分都可以，关键是要根据你的业务模式对市场进行切割。

然后，我们先找到市场占有率最高的那个直播平台，看看它的用户数有多少，然后估算它在整个市场中所占的比例，把相应数量的格子圈起来，写上它的名字。然后开始放置第二家公司。如果第二家公司和第一家公司的用户是有重叠的，那么它们两个就要在照顾到 XY 轴的同时，尽量紧挨着放置，并且在接壤的部分画个 X，表示那里正在进行一场没有硝烟的商业战争。紧接着放置第三家、第四家……我们不需要把近百家直播平台都画出来，只要前 10 名或前 20 名就足够了。画完之后，我们再看看每家的盈利状况和资金储备，写在它们的“国土”上，那些更有钱且更能花钱的公司，我们可以在它的“国土”周围画上放射线，表明它们未来有可能会进行大规模扩张。

都画好以后，我们可以为你自己的新公司找一个位置。这个位置应该是在这张图的空白处，也许你有好几个位置可以选择，没关系，都先用虚线圈起来。然后，考虑一下你创办公司的目的，如果是希望被大公司收购，就要选择那些有放射线的“国土”周围，而且最好紧邻画有 X 的战场，这样你一旦做出一点成绩，就能成功吸引周围霸道总裁的注意，被收购的可能性会大很多。如果你希望不被干扰地默默发展，将来争取进入业界前三名，那就要选择周边都是“小国”，没有放射线，没有战场，且空白处面积相对比较大的地方，以便你有足够的空间发展。如果你的钱比周边“小国”的钱都多，那就更好了。

找好了自己的位置，就可以开始分析周边的对手了。他们的用户有多少？来源是什么？用户稳定性如何？他们的产品特色是怎样的？和你的产品相比，优势和劣势分别在哪里？他们的管理层经验和能力如何？他们有哪些强有力的商业伙伴能为他们带来重要的资源？他们的流水和利润状况如何？你和他们是竞争关系，还是合作关系？具体采取什么样的策略？你比他们有钱吗？能不能直接从他们那里获得现成的人才、技术和产品……这个阶段你可以大开脑洞，尽情想象。你想得越多，对对手的了解也就越多，打起仗来心中越有底。

再接下来就是在产业中寻找朋友了。一个大的产业中，除了那些和你有直接竞争关系的公司，大部分公司都可以成为你的朋友，为你的公司提供助力。很多处于初创阶段的小公司最容易犯的错误就是，什么事情都要自己来做，做到一定程度，才发现自己根本搞不定，或者能搞定但是成本太高，这才寻求外部资源。走了一圈弯路，耽误了最宝贵的时间。

譬如你开一家比萨店，你肯定不会从种麦子做起。有特定农产品供应基地的比萨店，一定是全球连锁的大集团。你也不会修建自己的磨坊，亲自磨面粉，也许会有一些百年老店这么做吧，谁知道。对于大部分初创的小店来说，自己进面粉、配比酵母和其他添加剂、和面团、醒面团可能都是不划算的。有专门为生产比萨配比好的面粉，还有冷冻面团这种更方便的东西。越是小店，越应该和外部合作，使用半成品，这样才能降低成本，提高效率。

我用比萨店举例子，很多人可能会觉得这个道理谁不知道。可是换了一个行业，很多人就是不知道。譬如我见过很多初创的手游研发公司，SDK（Software Development Kit，软件开发工具包）也要自己一个一个接，语音聊天模块也要自己做，录屏功能也要自己做，兼容性测试也要自己做，吭哧吭哧忙了半天，被我一言点醒：这些都有专门的公司提供产品或服务，而且价格绝对比你自己招人自己做低得多，关键是省时间啊！在手游行业，时间可是决定生死的！此言一出，经常会看到对方大吃一惊的表情，咦！还有提供这些功能的公司吗？就好像结婚十几年，刚知道接吻不会怀孕一样。这就是在创业准备阶段，没有很好做功课的结果。

# 第24课 找到你的天使用户

你的天使用户在哪里？这对于创业者来说，是个非常关键的问题。

天使用户有时候甚至比天使投资还要重要，天使投资能帮你解决的只不过是一个钱的问题，而天使用户可以帮助你完善思路，明确需求，改进产品，协助测试，口碑传播，付费购买，等等，对创业者来说，他们才是真正的天使。

那么什么是天使用户呢？不要去看网上那些似是而非的定义，听我的吧！天使用户就是极为迫切地需要你的产品和服务，以嗷嗷待哺的姿态等待它诞生的那群人。我们甚至可以说，天使用户有时候比你自己更希望你成功。

我之前所在的公司老板，投资了一个两轮电动汽车的项目，这种项目的成功率不高，技术上很难突破暂且不说，关键政策认定上会有很多问题。但是我作为一个小脑不发达，没有驾照且似乎没有希望拿到驾照的人，非常期待这部车子的诞生。如果它不需要驾照，比市面上那些三轮四轮老年代步车时尚得多，又自带平衡系统，比普通的两轮电动车安全好操作，而且是铁包肉不是肉包铁，那它简直就是为我这种小脑残废量身打造的啊！只要他敢出，能拿到牌照，我就敢第一个买！

然而这家公司似乎并没有注意到我这样优质的天使用户，或者他们根本不重视天使用户，再或者他们认为，现在是技术开发阶段，还不需要考虑天使用户的问题。

其实这种想法是错误的，天使用户是谁，在哪儿，是一个应该从创业准备期就要考虑的问题。你创业所提供的产品或服务是给谁用的？如果没有人要用，那么你也就没必要创业了。你的目标用户中，一定有那么一批人，对你的产品或服务有迫切的需求。可能你的产品或服务对其他人来说是非刚需，但对于他们来说则是刚需。

天使用户产生的原因可能是因为个体生理差异，譬如我这种平衡性和手脑协调能力很差，不会骑自行车，甚至推超市手推车都磕磕绊绊，估计永远也拿不到驾照的人，迫切需要一个安全、时尚、合理合法的代步工具，但是目前市面上没有。可能在看到这段话之前，你不知道世界上有我这样的人，但是这种人真的存在，而且不止我一个。

还有一种原因则是个体心理差异。简单说，就是爱。为什么《魔兽》电影在中国的票房那么好？因为它是一代玩家的青春回忆；为什么《仙剑奇侠传》出什么衍生品都有人买单？因为那是一批最核心粉丝的初恋。我就是喜欢这一类产品，只要你出，我就买；我就是喜欢这个文化符号，只要和它有关，我就买。任何一个不起眼领域的产品，都有可能有狂热的爱着它的人，关键是你能不能找到这些人。

怎样寻找天使用户呢？首先还是要从身边的人找起。多和可能成为目标用户的朋友讲讲你的产品或服务，看看他是否非常感兴趣，甚至很兴奋。如果他眼睛一亮，迫不及待地想要了解更多细节并且急于发表自己的看法，那就别犹豫了，他就是你的天使用户。认真听取他的意见，甚至一一记录下来。告别之前，可以问问他：“你还知道哪些人会对我的产品或服务感兴趣？会购买我的产品或服务？能不能介绍给我认识？”他一定会热心地为你介绍，而这个介绍的过程，我们也可以想象，他一定同时也在推销。

就这样，通过人脉拉人脉，大概凑够二十个人的时候，就可以建立一个微信群或 QQ 群作为落地平台了。接下来的事情，就是运营这个群，保持内容的更新和人员的活跃。

首先要保证内容一定要围绕你提供的产品或服务，不要太水。你的姿态不能高高在上，要把这些天使用户当作你的创业顾问和智囊团来用，你的态度越谦卑，你可能获得的支持就越多，大家就越不会抛弃你。要像对待董事会一样，汇报你的项目进展，注意调动大家的情绪，让大家为你同欢喜，共紧张。鼓励大家拉朋友进来，逐渐扩大这个群体。可适当发一些红包联络感情，但不要到处撒币。必要的时候可以举办线下聚会，譬如新产品体验会等。

还有一种寻找天使用户的方法，就是利用现成的群体。如果你的产品是有 IP 的，或者你的产品或服务所在的领域有固定的爱好者群体，则非常适用这种方法。

有 IP 的产品，原生 IP 一定已经有了一批固定的粉丝，而且会有固定和落地平台，贴吧、QQ 群、微博、微信都有可能，和原生 IP 持有方协调，找到并加入他们，混脸熟刷存在，逐渐取得控制权。同时建立自己的落地平台，如官网论坛或者微信号，逐渐把最核心、对你最关注的那批人拉到自己这边来。

如果你并没有 IP，但是会有一批人对你创业方向相关的技术或产品感兴趣，并组成了社区，方法就要换一换，加入到他们当中，不断放出干货吸引大家注意，提升自己的知名度，积累粉丝。在适当的时候，把核心的粉丝导入到你自己的平台上即可。

实际操作中要注意几个问题，一个就是不要找错庙门，你做的是机顶盒游戏，就不要跑到三大主机论坛去刷存在，那是自取其辱。另一方面，任何成型的社区都有各自的规则、传统和禁忌，刚进去一定要多看少说，掌握规则以后再说话，千万不要冒冒失失胡乱发言。如果发了一篇和社区价值观违背的文章，或者是很低端、初级的文章，引发了众怒或群嘲，你就只能删号了。所以一开始不要先宣传产品，而是先试探，以个人的名义获得大家的基本认可之后，再慢慢导入你的公司和你的品牌。

找到了天使用户，还要让他们落地，落地的平台有很多种可以选择，关键要掌握一点，就是要有互动。从这个角度上看，微信公众号并不是个很好的选择。而官网论坛、QQ 群和微信群会比较适合。

落地之后就要保持用户的留存和活跃，并且积极扩大用户规模。高质量的内容和正向的讨论气氛很重要，适时抛出一个问题让大家讨论，是最简单易行的促进活跃的方法。注意找出群体当中最热情、最活跃、对你的产品最有好感且和你互动最积极的人，任命他为管理员，会降低你的管理压力，尤其是天使用户数量多了之后，这一点就变得越发重要。

激励天使用户的方式一定不能是纯金钱式的，因为大家聚拢到你这里来，目的是帮助你完成一款他们想要的产品或服务，从某种意义上来说，相当于他们自己的创业代偿。换句话说，你就是电脑游戏里那个拿着长剑行走江湖的侠客，而他们是操纵侠客的玩家。对于他们来说，帮助你、和你一起成长的过程是神圣、有趣、让世界更美好的，他们不需要回报。你一旦让这件事和钱扯上关系，他们的思维模式就会自动转换成“值不值”这个问题，“我一个月薪数万的企业高管给你出谋划策只值五块钱的红包?”一旦他们对自己问出这个问题，你就会失去他们。这样，你就把一些主动愿意帮助你的“好心人”，推到了“你也配雇我”的对立面。

你回报天使用户的，应该是荣誉和爱。你只生产了三台样品，只能选择三个人试用，这就是荣誉。逢年过节，一张小贺卡，一个问候短信，这就是爱。还有就是充分尊重大家的意见，一旦采纳，一定诚恳感谢。甚至可以做个顾问的聘书寄过去，不需要多少钱，但是效果非常好。这时候你尽可以发挥女性在社交上的长处，多组织活动，从线上到线下，哪怕只是有趣的抽奖活动也可以。多关注一些小细节，譬如对方生日发个语音问候，送个小礼物，和产品有关联的商务礼品最合适不过，这样可以不断提醒对方记住你以及你的创业公司和你的产品。

# 第 25 课　寻找和用户对话的渠道与方法

如果你的创业方向不是那种 TOB（产品的目标用户多为企业）的生意，就一定面临着需要面对最终用户的问题，上一节讲到了怎样寻找天使用户，这一节我们扩大到所有用户层面，探讨一下通过什么样的途径去了解用户，并为用户解决问题。

也许你会觉得这一节放在创业准备这章不太合适，但是用户就是上帝，是企业的命脉，怎样为用户提供更好的服务必须想在前面。

那些和用户对话的传统方式放在今天这个互联网飞速发展的时代，似乎已经过时，而且很多传统方式也不太适合小企业。譬如建立呼叫中心提供电话客服，是很多大企业习惯采取的方式，虽然比较直接，但是对于初创企业来说成本过高。而互联网发展初期较为流行的邮件客服，在海外还有一定市场，在国内却因为时效性太慢，已经逐渐被淘汰。那种基于网页的聊天弹窗被广泛应用于教育、医疗等行业，牛皮癣一样的界面给人以低端落后的感觉，和互联网的发展水平也并不协调。

更多的初创企业更乐于选择即时通信软件作为和用户对话的载体，官网论坛、QQ 群、微信群，这些开放的平台具有相似的共性，那就是所有人发布的信息，所有人都能看到。这样一来，就有可能形成用户群体当中，大家互相解答问题的局面。譬如说有人问了一个问题，官方人员没有及时解答，这时候知道这个问题答案的其他用户就有可能帮官方人员解答这个问题。这样既减轻了官方人员的工作压力，也能够调动核心用户的积极性，让他们分担管理职责。很多游戏公司都喜欢采用这样的方式。当然，微信群和 QQ 群的功能比较单一，可能很难满足复杂的客户服务需求，但是因为使用起来非常简便，还是具有一定优势的。如果搭建自己的论坛，则可以根据业务模式去定制功能。

这种开放式的平台还有一个问题，就是有可能大规模爆发负面信息，或者形成群体事件。解决这个问题，需要实时监测，及时处理，也需要管理人员掌握一定的技巧。如果平台支持的话，最好的处理方式就是让只有发布者本人能看到负面信息，而其他人看不到。在发布者看来，这条信息就在那里，没有被锁，被删，甚至有阅读量，但是没有任何评论和支持，这时候发布者的内心就会产生动摇，怀疑自己的观点是否和大众价值观相违背。而其他用户则完全不知道还有这样一条负面的东西存在。这是最佳的解决方案，但是需要一定的平台功能支持。如果平台不具备这样的功能，可以通过灌水的方式，让这个信息迅速淹没在大量新信息的汪洋大海之中。

类似微信公众号那种封闭的平台可能更接近传统的呼叫中心，所有用户都是单线和官方联系，用户彼此之间缺乏互动。也就是说，同样的问题，官方人员可能需要一遍一遍说给不同的用户听。微信公众号唯一的进步就是官方可以筛选出一些他认为合适的内容，展示给所有用户看。这种平台的好处在于，不会大规模爆发负面的舆情，有利于官方对用户实施精神控制。

和用户对话的渠道，其实完全不必拘泥，有时候微博这样看似没有什么客服功能的平台，同样可以实现为用户服务的功能。至少我知道有两款曾经一度爆红的手机游戏，就是通过微博作为客服渠道的，一款是《我叫 MT》，另一款是《冒险与挖矿》，这两款游戏都是公司 CEO 亲自上阵，利用个人微博去解答用户问题，发布公开声明等，都取得了非常良好的效果。

再多说一句关于市场调查的内容。传统上的问卷调查，其实可信度是堪忧的，首先调查结果和问卷设计关联极大，相同的内容、不同的问卷设计就有可能获得截然相反的结果，甚至排版或先后次序的改变都有可能导致结果的偏差。而且，中国人碍于人情面子以及个人的自尊，很可能会在某些问题上“撒谎”或“夸大”，尤其是面访，这种现象更为严重。这样的调查只能作为一个参考，还需要其他方面数据的验证。

巨人集团老板史玉柱，在最开始转行做游戏之前，就采取了一种最笨、最有效，同时也最准确的调查方式。那就是作为一个资深游戏玩家，加其他玩家的 QQ，和他们聊天。这种聊天不同于一本正经的调查问卷，而是放松的，天南海北的，朋友式的，因此也更能获得最真实的信息。据说盛大的老板陈天桥在创业初期也做过类似的事情。

# 第 26 课　盘点下你个人的品牌资源

盘点过一切你所拥有的创业资源之后，还有一个不能忽视的资源，那就是你自己的知名度。社交网络和自媒体的火爆，让所有人都具备了成为名人的可能性，一夜爆红的好事可能降临到我们每一个人头上。

从这个角度上来讲，我们每个人都是创业者，而我们经营的这家公司就是我们自己。

但如果你是个真正的创业者，那么把你自己的品牌价值植入到你公司的品牌价值当中，有可能会产生聚合反应，迸发出更大的价值。

我们先来盘点一下个人品牌价值的构成。

首先是内容。你在网上发布过的所有内容，都是你品牌价值的一部分。包括文字，你发的微博和朋友圈，博客和文章；也包括图片，绘画和照片，当然自拍也算；还包括声音，有段时间播客很流行，这两年渐渐淡了；还有视频。所有这一切，都构成了你个人品牌的内容。

除了内容之外，是你的身份。如果你在 QQ 的网名是“丿沩清丶葰湎”，微博是“轻舞飞扬”，微信是“果果妈妈在路上”的话，我劝你做个统一，就算是大明星，人们也记不住她频繁更换的艺名，何况你只是个普通人。要树立自己的个人品牌，就要从统一品牌形象入手。所有的平台都做成实名认证是最好的，这样可以给人最大程度的信任感。如果对自己的隐私有顾虑的话，可以起一个统一的网名。这个网名起得要讲究一些，要体现你在某一方面的专业程度。这个名字要有一定的权威感，如果能让它看上去像是机构名称就更好了。如果你在媒体领域创业，可以叫“某某日报”或者“某某通讯社”，如果你在互联网领域创业，可以叫类似“互联网观察者”“OTO 研究”等。这样的名字会大大提升你的权威感，帮你扫清一些网络上的反对声音。一个有着一定颜值又有专业身份的女性大 V 在互联网上是很受欢迎的，据我观察，会比男性大 V 的吸粉能力高出一倍左右，正因为这个原因，很多男性大 V 和营销号会假装女性的身份出现在社交平台上。

再来看看团结在你周围的人。这些人分为两类，一类是粉丝，就是会认可你的内容，并会评论、转发你的内容的人。他们对你有好感，但是这种好感很薄弱和松散，随时有可能流失。粉丝经营是个大课题，这里就不展开讲了。关键要抓住两点，吸粉和留人。吸粉要注意追热点，赶时效，出优质内容，一波热点吸到的粉丝，可能比你辛苦半年还要多。留人的关键是内容要好，活跃度要高，积极互动，并且经常搞点小活动。

另一类人是熟人，包括躺在你手机通讯录里的、微信朋友圈里的，以及某些群里那些人。熟人的定义是你们有过三次元的接触，见过面或者至少通过电话。熟人是可以借钱的，但是粉丝不可以，这一点也是一个很好的判断标准。

好了，盘点好你的个人品牌资源之后，我们现在要做的就是再怎么努力一把，尽量提升个人品牌价值。首先你要寻找到和你创业方向最相关的平台，作为根据地。例如电子产品方面的创业可以去果壳，文化产品方面的创业可以去豆瓣，然后以这个根据地为核心，进行深度经营。

知名度的变现，其实不容易，很多网红也好，大号也好，最终的变现模式也不过是两种，一是卖广告卖软文，二是卖商品。但是，你要记住你是要跟创业结合的，所以要卖广告也是卖自己的广告，要卖商品也是卖自己的商品。其实，你的个人品牌更大程度上起到的是市场宣传的作用。比如手游《我叫 MT》上线的时候，该公司的 CEO 就曾经私信几乎所有的好友，要求帮忙转发他的一条广告微博，一时间在微博上形成了刷屏的轰动效应，类似的做法一些小说作者也经常使用。

至于熟人，可以更进一步。还是我那个做营养社区的闺蜜，她找到我说，很多互联网高管都是她的用户，而且很多人用了她推荐的减肥产品之后，效果非常好，有些人也发了微博和朋友圈推荐，但是并没有形成声势。应该怎么运作才能把这些资源利用起来呢？很简单，设计一张海报模板，帮助每个人放上他们减肥前和减肥后的照片，再为每个人精心设计一套文案。把这张专属的海报发给他们，请求他们协助在指定的时间发朋友圈，同时其他线上线下的市场宣传资源要配合启动，尤其是后续的媒体报道，一下子就能形成轰动效应。代言费，其实真不需要，送个超级 VIP 待遇应该足够了。或者像在行一样，给每个人拍一套美美的照片，也一定很受欢迎。

# 第 27 课 潜心做产品，还是跑会

我们常常听到一些成功的创业者分享经验的时候提到一个观点：不要去跑会，要潜心做产品，跑会没有用。

真的是这样吗？

我们认真观察一下就会发现，凡是这么说的创业者，都是明星创业者。不是大公司出来的高管，就是某个领域颇有声望的专家，要不然就是连续创业多次，或者在某个行业具有十几年的工作经验……这些人当然不需要跑会，无论他们需要投资、商务合作还是媒体报道，只是随便打几个电话的事情，甚至是闭门家中坐，自有机会上门来，完全不需要做跑会那么辛苦的事情。

但是对于一个工作经验不足，或者准备在全新领域开拓的创业者来说，跑会还是很重要的。

要想了解一个行业，再没有比参加一次该行业大型会议更简单的办法了。中国游戏行业最大的盛会就是 Chinajoy，每年暑期在上海举行，这个会议是由大型展览和多场系列会议构成的会展航母，一般持续 5 天，也是世界级的游戏产业重要会议之一。在这个会议上，每年都能见到很多新面孔，2014 年是来自其他产业转而想要做手游的，2015 年是各种卖 IP 的，投资者和海外客商也是历年来不可或缺的主角。如果你之前从事的行业和游戏无关，又想在游戏行业投资或者创业，那么我一定会推荐你参加这个会。产业、产品、观点、人物，你全都能一次性了解，关键是它能帮你大幅度拓展这个行业的人脉。其他行业也是一样，参加几次行业大型会议，听几次演讲，看几次展览，大概心里就有一点底了，至少这种扫盲是第一手资料，要比在搜索引擎上搜来得更真实，更准确。

跑会最重要的目的就是拓展人脉。这种拓展可不是简单的换个名片而已，那样其实意义不大。以前在网络上认识的人，在会议上见个面，打个招呼，会让以后的沟通更顺畅。通过朋友介绍认识的人，采用这种三人对面寒暄几句的方式，也要比拉一个微信群好得多。趁某个大型会议的机会，约几拨人见面，也是节约时间和经费的一种方法，因为除了大型会议，这些行业的重要人物可能很难聚集到一起，如果你一一去拜访，不仅周期会拉得很长，而且费用支出也会比较高。初创公司，能省则省，有会议这种更高效的方法，为什么不利用呢？这些人脉当中，可能有你的潜在投资者，也可能有成为你未来合伙人或员工的人，或者你的商业伙伴……一切皆有可能。

对于创业者来说，有一种跑会也是必不可少的，那就是融资路演。很多第一次创业的人，根本不知道从什么途径能获得投资。有些人会在那些投融资网站上注册，或者一个一个找到投资机构的官网，给他们的邮箱中发一份商业计划书，甚至有人会去购买所谓的投资者联系方式表。但是熟悉投融资的人应该都知道，这些做法的成功率非常低。但是，如果你去参加一次融资路演，至少会让十几个甚至几十个投资者面对面看到你，了解你的项目和你这个人，这种熟悉感可不是一份没有温度的商业计划书所能比拟的。

很多人反对创业者参加类似融资路演的活动，我却持相反的意见。参加这种活动至少有这样几点好处，首先这会让你的想法更成熟，尤其是很多早期项目，多听听投资者尖锐的反对意见会很有好处，如果能虚心听取，融会贯通，可能会让你少走很多弯路。其次，对于创业者来说，这也是一种心灵的历练，多看看别的创业者的项目和水平，和自己比较，就能发现差距，同时面对投资者的批评，也能增长自己的抗压能力。最后，可以训练你面对公众的能力。有很多创业者，尤其是技术出身的创业者，面对公众的时候几乎手足无措，站都不知道怎么站，更别说讲话了，遇到有采访或者会议发言，总是推给合伙人去做，但是有些事情必须一把手出面，这是躲不过去的。

女性在路演会上的优势是显而易见的，因为女性创业者比较少，所以更显得鹤立鸡群。常常是一场路演会，只有一个女性创业者，其他都是男性，台下的投资者想不记住你都难。如果你能够在个人形象和演讲内容及风格上多花一些心思，就能很好地打造出个人品牌，让别人记住你，这就是知名度，你就有可能会被人谈及，或者由一个人介绍给另一个人。别人对你产生兴趣和好感，可以引发别人对你的帮助。不管哪一种，对你都有好处。

对于创业者来说，将来公司做大了，总要面对公众、面对政府主管部门，很多场合没有人能替代你。既然逃不掉，不如现在就开始进行练习。

当然，跑路演会也不能太过频繁，如果一个投资者在甲路演会上见到你，两周后又在乙路演会上看到你，一个月后你又在丙路演会上露面，基本上他已经会拉黑你了，因为好项目都是大家抢的，你这么卖力推销，还没有人投资你，可见不是好项目。在游戏行业，代理产品也是如此，一个产品找了很多发行商，没有一家公司肯签约，最终就会变成全行业都不肯签你的游戏了，每家公司都会这么想，既然别人都不要，肯定不好，我也懒得花精力在你身上。这可能就是跑会最大的负面效果，而且这种效果还是灾难性的。但是只要控制好频次和节奏，跑会还是有用处的。

再有就是要注意“谁来跑会”的问题。不管你之前在多么大的公司做到了多么高的职位，脱离开原来的平台，你就是一个普通创业者，就算你启动资金极为雄厚，但在大多数人眼中，你和那一组哥儿几个凑百八十万创业的草根团队没有太大区别。作为创业者，首先要低调。会尽量自己跑，不要安排合伙人甚至商务经理去跑，因为很多事情他们不能做主，还需要回来向你汇报。一方面耽误时间，另一方面你也无法获得最准确的一手资讯。比起大公司，小公司唯一的优势就是决策快，如果中间隔了一层，这个优势就没有了。况且，如果一个会不值得创业者亲自去跑，它也就没有参加的价值。还要注意一点就是不要摆谱儿，不要走到哪里都带个助理，跟人换名片都是从助理手中递过去。这种行为非常令人反感，除非你已经到了德高望重的年龄，或者你真的是某个领域的领军人物，否则，还是让助理远远走开比较妥当。

# 第四部分

# 合适的合伙人在哪里——以寻找终身伴侣的态度寻找合伙人

我们常说，办成一件事，需要三个要素：钱，人，还有时间。创业也不例外。创业中所谓的人，包括你的员工，你的合作伙伴，当然，最重要的，是你的创始合伙人。

创业，是一个人独行，还是需要一个团队，这可能是摆在你面前的又一个大问题。

我的一个闺蜜的经历就很典型。十年前，她离开某跨国公司中国分公司的高管职位，和一个朋友开办了一家体育领域的公司，当时她对体育一窍不通，她的朋友是公司的创始人，她是合伙人。行业的差异造就了巨大的价值观差异，她原来所在的文化产业节奏快，项目大，重视合作和分利。而体育行业节奏缓，发展慢，行业内竞争惨烈。不到半年，两个人的经营思路便出现了分歧；不到一年，矛盾已经不可调和到了要分手的地步。分手的过程也是惨烈的，双方两败俱伤。我这位闺蜜痛定思痛，决定不找合伙人，自己开了一家互联网公司，主要合作对象是三大门户，业务方向还是以体育为主，兼顾其他互联网业务。几年做下来，公司一直没有做大，处于小富则安的状态。她对我说唯一的收获就是累，任何事情都要自己扛，没有那种并肩战斗的感觉。前两年，她又遇到了一个不错的创业者，两个人一拍即合，一起创建了第三家公司，对方擅长资本运作，她擅长商务和产品，两个人能力互补，又引入了很多外部资源，公司发展迅猛，业务蒸蒸日上，目前已经在新三板上市。

俗话说，“不怕没好事，就怕没好人”。俗话又说，“一个好汉三个帮”。没有一个人能力全面到万能的地步，况且就算你能力万能，你的精力也不足以支撑你做全部事情。人总有疲倦的时候，有合伙人总比没有合伙人好。但是，一定要慎重选择合伙人，选择不当，可能会给你和你的公司带来极大困扰。

# 第28课 不要让老公取代自己做老板

我记得上大学的时候，英语课本上有一篇阅读文章，说的是一个人去新公司报到，但是处处和说好的不一样，公司的地址比想象中偏僻很多，说好了下车之后只需走“一箭之地”，但是却要走很远很远。经历了太多失望的求职者见到自己的老板，发现是个女人，便立即陷入了绝望，说这是“骆驼背上最后一根稻草”，最终他放弃了这个工作。

这篇文章充斥的对女性的刻板印象至今让我记忆犹新。但是我们必须承认，这种观念不是短时间内能扭转的。很多男性职场人会对自己的顶头上司或者老板是女性多少有些介意。

然而比女老板更可怕的，则是夫妻店。这种公司无论男性员工还是女性员工都会有些看法。

我有一次创业，母公司就是夫妻店，丈夫原来是某跨国公司的高管，妻子曾经是他的助理。这两个人在新公司中，分别担任总经理和副总经理的职务。面对夫妻老板，最大的问题就是他们两个人的意见经常不统一，而又分别对你发号施令，你不知道应该听谁的。而且这两位都喜欢事无巨细地插手，甚至公司官网上一个装饰花纹的颜色，两个人都会各执一词，争论不休。不过人家是两口子，床头打架床尾和，争执之后跟没事儿人一样。但是目睹了全程的旁观者却尴尬万分。

当然，我们也能在商界看到很多模范夫妻店的例子，也有两个合伙人一开始不是夫妻，后来共同打拼日久生情而成为夫妻的案例。通常做得比较好的夫妻店，两个人首先是合伙人，其次才是夫妻。两个人必须都非常专业，且能力互补，而且无论资历和能力，都和这家公司相匹配。最忌讳的就是，其中一个人创业，把另外一个人拉进来，安插到财务、人事或行政部门，帮着看着钱，看着人，看着大家有没有加班。绝大部分员工都不大愿意在这种公司长期工作。

此外，夫妻店最重要也是最难做到的，就是公私分开。就我二十年的职场经验来看，能做到这一点的夫妻几乎没有。除非他们在公司是隐婚的状态，而且能隐到所有人都看不出来。一旦夫妻关系被公开，两个人就会更少顾忌，更多情绪化，不可避免地会把生活中的情绪甚至情感带到公司，从而影响员工的情绪甚至公司的正常运行。

很多第一次创业的女性创业者，在寻找外部支持的时候，会不自觉地首先想到自己的老公或男友。这一点无可厚非，如果对方有能力帮助你解决诸如团队、融资、注册选址等问题，为什么不让他帮忙呢？但是这种帮忙的界限一定要清晰，他是来帮助你解决某个问题的，而不是你精神上的拐杖。

我见过一些女性创业者，无论是挖人还是谈投资，都带着老公。“这是我老公，他不在公司担任职位，只是陪我来的。”这句话一出口，几乎所有人都会在脑子里打个大大的叉叉：姑娘你还没断奶，何苦来创业呢？还有一种症状较轻的，就是跟人谈事情的时候，不自觉地会提到“我老公认为……”“我老公说……”如同相亲场合的妈宝男没有女人愿意嫁一样，天天把老公挂在嘴边的女老板，也没有人愿意与之合作。

当然，我不是说绝对不可以开夫妻店，只是说夫妻店存在的弊端和问题实在是太多了。像是零售业、餐饮业等行业，夫妻店的形态会比较常见，也不太容易让员工诟病，还是可以考虑的。

开夫妻店，除了要注意前面提到的两个问题之外，更重要的是一开始就要商量好主次，公司的事情谁做主，谁为副手，一定要沟通清楚。甚至可以设置一个关键词，约定当为主的一方提到这个词的时候，为副的一方一定要立刻闭嘴。如果有什么需要商量的问题，两个人一定要事先私下商量清楚，由为主的一个人对外宣布。绝对不要当着员工的面讨论甚至争吵。

要记住你是老板，不是老板娘。

# 第 29 课 警惕职业创业者

什么是职业创业者？

走过中关村创业大街崭新的牌楼，放眼两边都是各种创业咖啡馆、投资机构和很难准确定义的创业活动场所。随便推开一家的大门，你就会看到人声鼎沸的景象，闻到星巴克一样的咖啡香气，不一样的是拿着笔记本电脑的人更多。你点一杯咖啡，随便找个座位坐下来，听到的全是诸如“CV、PE”“流水、利润”“市场规模”之类的高深专业用语。你打开笔记本电脑，随便调出一个 PPT 模板，然后皱着眉头，煞有介事地看上几分钟，这时候准会有人走过来，坐到你旁边，“朋友，要投资吗？”这会让你恍惚记起来，十多年前，在现在已经关门的海龙电子城，只要你停下脚步，就会有抱孩子的中年妇女蹭过来，轻声低语，“要光盘吗？”这真是一种有趣的轮回。

当然，你千万不要断定这个人就是传说中的天使投资人，这年头天使投资人虽然很多，但竞争还没惨烈到像卖盗版光盘一样主动搭讪的地步。对方可能一开始以天使投资人自居，但是聊着聊着你就会发现，他其实是想跟你一起创业，同时承诺可以拉来天使投资。

这，就是职业创业者。

他们当中，有过几次失败创业经历的人已经算好的，更多的人只是有过几次想要创业的经验，有想法，有商业计划书，跑过几次会，谈过几个投资者，没拉来钱，就不做了。你说可以自己筹钱先做起来啊，不！他们绝不会那么做，一方面没钱，在创业咖啡馆刷夜还要砍价呢；一方面有钱也不舍得，他们对自己能创业成功根本没有信心。他们只是享受准备创业和正在创业的感觉，这可是一种比朝九晚五的上班族更高大上的感觉。他们脑子里已经没有什么想法，或者说他们压根儿对创业就没有什么想法，他们只是想找个冤大头，拿到一笔投资，过一段当老板的逍遥时光。赔了没关系，大不了回到这里，继续找投资。他们目前最需要的就是你，一个有想法、有创业热情但是没有创业经验的初次创业者，尤其还是个女的，真是最好的目标。

全国很多城市都有类似北京中关村创业大街这样的创业基地，也有很多这样的职业创业者。在很多创投会议和沙龙上，到处换名片的人当中，也有相当比例的这种人。这类人大部分是不可合作的，但是也有少部分人，可以考虑看看。

可以合作的人通常具有以下特征：他们原来是创业者，而且相对比较成功，比如公司融资到了 A 轮或 B 轮，有一定知名度；虽然最终创业失败了，但有可能是因为公司经营不善，也有可能是在行业竞争中出局。这种人，由于在创业圈子已经具备一定的名气，从心理上很难接受再度返回职场打工，也不一定能找到合适的位置。除了再度创业之外，有些人选择了做天使投资人。他们这种所谓的天使投资人，其实是一种半投资人半合伙人的性质，如果遇到好项目，他们更愿意亲身参与。如果你是个没有经验的创业者，这种人可以给你带来很多资源，至少融资不用发愁，人脉更是比你丰富。最重要的是当公司做大之后的资本运作，他一定比你更有经验。如果遇到的是这种优质职业创业者，双方又谈得十分融洽，不妨可以考虑跟他合作。这方面，我身边成功的例子也有很多。

鉴别这种优质职业创业者的方法很简单，去互联网上搜索他的名字即可。一般来说，你能找到相当数量的关于他和他之前公司的报道。如果一篇都找不到的话，这个人就可以拉黑了。认真看一下这些报道，了解他之前的创业经历、公司的经营状况以及这个人的能力秉性，如果觉得还不错，可以继续深入接触。

找合伙人原则上还是从熟人入手，而对待凭空冒出来的合伙人，一定要慎重再慎重。尤其是女性创业者。因为女性的社会符号，经常和弱者相联系，很多人会认为女性好骗、好欺负、好糊弄，因此女性在创业时也更容易遇到骗子。

讲一个我自己的奇葩经历，作为这一节的结束吧。

那是十几年前了，当时我处于某一次创业的筹备期，方向肯定还是做我的老本行——游戏，但是合伙人还没有考虑好。这时候，一个不太熟悉的朋友打电话过来，说他有一个好朋友，有十年以上的影视动画行业经验，最近想转型创业做游戏，你们可以一起聊聊。当时我正缺美术合伙人，就欣然答应了。

第一次见面约在一个中档偏高的饭馆用晚餐，对方是个男士，带了一个姑娘，说是他的投资人。对方介绍那个姑娘的时候，提到她是某连锁酒店老板的千金，负责家族企业的投资工作，最近想要投资游戏领域。听起来并没有什么破绽，姑娘的衣着妆容也属于得体大方的范畴。然而在就餐的过程中，我发现这个姑娘对于端茶倒水的工作过于殷勤了，不太像是大家闺秀。虽然谈不上风尘气，但是她作为投资方，做这种事情似乎频繁得有点不妥当。最后的高潮是结账，男士买了单，那姑娘执意要把其中两样菜打包，虽然有钱人也可以很节俭，但这在商务宴请上并不是什么得体的行为，除非她不拿我当外人，或者另有缘故。打完包之后，那姑娘不自觉地将袋子交给了男士，男士不动声色地推开了，这让我感觉两个人关系有点不寻常。

一回家，我就打开了电脑，开始搜索。席间姑娘说过她目前在某影视大学就读研究生，本科学的是表演，但是由于运动受伤，额头落了块疤，毁容了，所以研究生读了导演专业。知道名字，知道相貌，又是学表演的姑娘，人肉起来还是蛮容易的，我很快找到了姑娘的资料，的确是学表演的，还参加了不少不知名的选秀和代言。但是并没有考上研究生的资料。选秀的资料很详尽，姑娘就是一般家庭出身。再一查那家连锁酒店，大老板和姑娘都不是一个姓。再深入了解，那位男士曾经在这所大学任美术教师，与这位姑娘曾是师生关系。而且那位男士已经有多次创业失败的经历。

一切似乎都真相大白了，但是最让我百思不得其解的是，身为表演专业的老师和学生，合起来给我演了一出近景话剧，目的是什么？后来我终于知道了答案，他们拿走了我的商业计划书，稍加改动，四处去找投资。那时候游戏很火，很容易融资，他们想赶上这个风口，但是又不知道怎么写商业计划书。所以说，你可能觉得你没有什么可骗的，但也许你司空见惯的东西，在别人眼里却是块宝。

# 第30课 熟人也需要做背景调查

合伙人的最佳人选肯定是曾经合作过的人，无论是公司同事，还是外部的合作伙伴都很适合。首先你很熟悉这些人，其次你和他们一起做过事，你了解他们的能力和特长。单纯的朋友显然没有这些人合适，虽然你可能更熟悉你的朋友，但是吃喝玩乐是一码事，白手起家艰苦创业又是一码事。我们常常会对朋友有更高的期待，但是往往事与愿违。所以说，最好不要和朋友一起创业，因为那样常常不但是创业失败，而且可能会失去朋友。

所以首先要明确一点，合伙人不是朋友，不要用对待朋友的方式对待合伙人。当然，如果后来大家相处融洽成了朋友，那是以后的事情，至少在创业准备阶段和创业初期，必须拿出职业的态度来对待合伙人这个问题。

好了，你现在找到了几个不错的合伙人，他们是你的前同事，前下属，前生意伙伴，你对他们的能力非常了解，大家擅长的方向又能彼此互补，是不是就可以了呢？并不是，你还要对每个人进行背景调查。

就算你对这些人再熟悉，也只是熟悉他们和你有关联的这一段职业生涯。他们之前做过什么，做得如何？他们在哪里读书，读书时候的表现怎样？他们是哪里人，家庭背景是怎样的？

每个人身上都不可避免地带着原生家庭的烙印，这将极大影响一个人的人生观和价值观。所以说，了解一个人的家庭，是了解一个人思维模式最简单的方式。我们经常会看到很多大公司的老板很抠门儿，这种抠门儿不仅仅是在自己的衣食住行上节省，也不仅仅是对员工的各项用度苛待，而是直接表现在商业上：任何单子都要砍价，不买对的只买便宜的；设定一个价格上限，只要超过这个限度，任何生意都不做。在很多匿名社交网站上，我们经常能看到对这类老板的吐槽，虽然这些老板都已经身家过亿，但是他们在精神上依然是穷人。这种情况，多半跟他小时候的家庭经济状况有关，和他父母的价值观有关。我并不是说节俭有什么不好，而是说不要让这种节俭的态度影响了你的商业判断和商业运作。

你永远不要试图改变一个成年人。这是一条放之四海而皆准的公理。人的价值观在20岁以前就已经成型，第一次就职和第一次婚姻可能会让他产生一点微小的变化。但整体上大变的可能性不大，除非遭遇了人生的巨大变故和挫折。因此，一起合伙创业，千万不要试图改变对方，我们只能做到深入了解他，根据对他的了解，预测他在什么场合下可能做出哪些不太合理的判断或行为，事先想好应对措施而已。也就是说，了解他的目的是为了更好地跟他合作，尽可能发挥他的长处，规避他的短处。

背景调查还需要关注这些人有哪些陋习和污点，比如赌博、贪污、有案底，以及其他不良行为。根据情节的轻重做到心中有数，如果情节过于严重，你可能要考虑放弃把他作为合伙人。

对于合伙人之前的职业生涯的调查，关注点应该放在以下方面：首先，他是否是一个专注而能够坚持的人？如果他之前频繁换工作，或者是虽然在一家公司中，但是经常换部门，从来没有完整地做完过一个项目，那么他进到创业公司当中是很危险的，很可能遇到一点小的挫折和困难就会想逃跑。其次就是看他如何面对诱惑，他的职业生涯中是不是有过多次被人高薪挖角的经历，是不是只要有人出钱多，他就不会考虑发展空间、团队项目、个人声誉等问题，毅然跳槽。这种“只认钱，不认人”的人也是相当危险的。

我在创业时就经历过这样的情况，当时公司的一个小合伙人被其他公司以三倍薪水挖走，给公司经营造成了沉重打击。他不在意暂时还看不见摸不着的股份，对项目也缺乏责任心，甚至不在乎团队其他成员的感受，他只有一个价值观标准，那就是“谁会跟钱过不去”。这种人的原生家庭很可能经济状况不佳，或者小时候被父母在钱上苛待。他们不是合伙人的最佳人选。

# 第 31 课 远小人，无论他带来多少利益

我曾经给很多公司当过顾问，有游戏行业的，也有影视行业的，有收费的，也有碍于朋友面子去帮一次忙的，这其中绝大多数都是初创公司。初创公司利用顾问作为外脑，协助自己去发现公司中的问题，绝对是个好方法，但是发现问题之后，要承认问题和解决问题才对，否则就失去了请顾问的意义。

有一次，一个不太熟悉的朋友竭力邀请我去他们公司帮他看看他们项目主策划的能力如何。刚一过去，他就拉我走到一边，小声跟我说："我这个主策划是有点问题的，等下你跟我们一起开个会，你观察观察他，给我一点建议。"会议上，那个主策划表现出了强烈的反社会人格和攻击性人格，敌视女性，狂妄自大，缺乏基本的礼貌，和团队其他成员的关系也十分紧张。

会后我立即对那位创业者说："这个人必须开掉，不

能留。”

那位创业者急忙解释说，这位主策划的父亲据说被判无期徒刑，母亲抛下他离家出走，他是祖父母养大的。虽然这种解释让我了解了他反社会和敌视女性的原因，但这个原因并不能成为留下他的理由。

我很耐心地对那位创业者分析了当前的局面：“你的公司是一家不到十个人的初创小公司，我认为公司中所有人都很讨厌他，不想跟他合作，除了你。此外，你的公司没有制作人，那么整个项目的命脉都押在了这位主策划身上，他对同事、对社会、对所有人都充满敌意，不可能设计出让玩家感觉有亲和力的产品。再有就是你这款游戏是个偏女性方向的社区类游戏，你却找了一个极端仇视女性的主策划，这是注定不可能成功的。”

那位创业者辩解说：“你不得不承认他的有些想法很有创意。”

我说：“是的，他玩过很多游戏，有一定的策划经验，产品中的某些小系统很新颖，很吸引人，但这些优点不足以掩盖他的缺点，因为他的缺点是致命的。”

那位创业者又解释说：“现在小公司主策划很难找，好的非常贵，而且就算你出得起钱，他们也未必肯来我们这种小公司。这位主策划能力不错，薪水却非常低，只有市价的三分之一。”

我说："那是必然的，因为他这种为人处世的态度，根本不可能通过正规公司的面试。创业公司的关键岗位一定不能图便宜用不合适的人，否则你就是在葬送你的公司。"

他有点不高兴，反驳道："是不是因为他一直反对你的意见，所以你对他有看法？"

说到这里，我已经无语了，心中暗暗哀悼我被耽误的一下午时间，也默默为这家公司点了一根蜡烛。你请顾问，不就是要听实话吗？实话告诉你了，其实你也很清楚就是这么回事，但你就是不肯听，那你请顾问来干吗呢？你其实只是需要有个人认同你的做法，坚定你留下他的信心吧？

果然，三个月后，团队中我非常欣赏的数值策划和主美术都离开了团队。半年后，这家公司结束了运营，创业者宣告创业失败。

创业公司就像是一个脆弱的生态系统，任何一个岗位上安置了不适合的人，都有可能摧毁整个系统，因为创业公司的抗风险能力太低。

很多创业者在寻找合伙人的时候，会过于看重这个人的某项明显优点，而忽视了他的缺点可能会对整个公司带来巨大的负面影响。我有个闺蜜的公司，引入了一个合伙人，这个合伙人什么都不会做，只是给公司带来了第一笔投资。他拿着高薪，每天在公司无所事事，拉着员工抽烟聊天，或者对他认为他懂的设计指指点点。而闺蜜忙着处理公司的大事小情，认为他为公司拉到投资，劳苦功高，什么都不做也是应该的，不会有什么负面影响。然而事实并不像她想象的那么美好，员工很少接触到闺蜜，日常天天接触的都是这位合伙人，而他言谈中表现出来的低素质让很多骨干员工反感，一大批有能力的人纷纷离去，剩下的人当中，像这位合伙人一样混日子的居多，整个公司的工作气氛异常懒散，闺蜜在员工中的影响力也逐渐降低，情况变得难以收拾。

我问闺蜜："如果你当时不引入这个人，下定决心自己跑融资，花上三五个月的时间，拿不到同等条件的投资吗？"

闺蜜认真地想了一下，说："应该可以，甚至比现在的条件还要好，只不过我不喜欢跑融资的事情，感觉是低三下四求人，我更喜欢做产品。"

但是，忍得三五个月的低三下四，获得的是一个你完全能控制且健康发展的公司，是值得的啊！总比现在这块狗皮膏药贴在这里，弄也弄不走要好得多。而且，这个人帮助你融资的功劳，可以通过佣金来补偿，真不一定需要给他股份，就算给他股份，也不能让他来公司任职。

如果你十分看重某个人的突出优势，坚持要把一个不合适的人作为合伙人，你就需要想好制衡这个人负面作用的预案。首先，你不可能改变一个人，所以你要么压制这个人的负面作用，要么把他和其他人隔离开。无论采取哪种方法，代价都是巨大的，这可能需要更多的人力和精力，作为一家初创的小公司，你是否能承担得起？

这种压制和隔离就像是把猛兽关进笼子里，是一场战争。是战争，就有胜负，你不能保证赢的那个人一定是你。君子是永远斗不过小人的，因为君子有底线，小人没有。

这一点女性创业者尤其要注意，女性更容易被认为是好糊弄的，容易欺负的，因此也更容易激发这种人想要背叛你的心理。换句话说，即使你有能压制住他的能力，他也不会轻易相信，也更容易产生激烈的反抗。

最好的方法就是，将全身心放在你要开创的事业上，远离这些小人，无论他能给你带来多大的眼前利益。饮鸩止渴没有任何好处，是小人，就让他远远走开。

# 第 32 课 100 个小时的磨合，与合伙人谈恋爱

如果你已经找到了合适的合伙人，接下来就到了深入了解的时间。

你也许会问，为什么需要这样一个过程呢？你们原本就是同一个公司、同一个团队中出来的，彼此已经非常了解了啊！但是这种了解对于共同创业来说，还是远远不够的。

首先，作为创业者，你的创始团队是你找来的，他们跟你的关系应该是比较融洽的，但是他们彼此之间的关系则未必，因此你需要建立一个通道，让他们彼此迅速熟悉起来。此外，你还可以借此观察他们之间的互动，看看哪些人相互之间比较欣赏，可以在日后的工作中多安排他们的协作。如果有些人彼此之间的关系不太好，也可以做到心里有数，未来尽量避免他们之间发生更大的矛盾和冲突。

我们把几种比较铁的关系归纳为“一起同过窗，一起下过乡，一起扛过枪”，这是有心理学依据的。为什么说大学时期建立恋爱关系的夫妻感情通常会比 30 岁以后通过相亲结成夫妻的人稳固？那是因为在大学的时候，两个人有的是时间整天腻在一起，平均每天在一起四五个小时，一周就是三四十个小时。而工作之后通过相亲而恋爱，最多一周见两次面，一次三五小时，相差了五倍左右。也就是说，大学四年恋爱，两个人相处的时间，相当于工作后的 20 年恋爱，这么长时间的相处，彼此的了解才能更深入。至于“一起下过乡”，则是指在相对封闭匮乏的环境中人与人更容易熟悉起来。周围一切都很贫瘠，唯有人与人之间的相互支撑很丰满，这种情况下，人们之间好感度的增进自然而然会被加速。“一起扛过枪”则和一起创过业，一起做过一个大项目，一起赢得一场体育比赛同理。大家为了一个目标共同奋斗，结下的战斗友谊是其他情形无法比拟的。

创始团队的磨合，也要比照这个思路进行，才能在很短的时间内，迅速让大家熟悉起来。在咖啡馆喝咖啡闲聊是不行的，去餐馆聚餐喝酒也达不到这个效果。最好的方法就是拉大家到某个度假村一起度过几天几夜，档次不拘。首先度假村通常比较封闭，周边可以去玩的地方不多，大家也不认识其他人，所以团队行动的机会更多，共同相处的时间也会更多，这就相当于“同窗”。而旅途之中的封闭环境，则类似于“下乡”。另外，度假村一般会有一些集体项目，如划艇、漂流、真人 CS 等，这种集体项目有一定的危险性，需要大家协作或者对抗，算是具体而微的“扛枪”。经过这样几天的洗礼，团队彼此的关系一定能得到很大的增进。

# 第 33 课 与合伙人一起为公司做个规划

上面讲了要和合伙人进行 100 个小时的磨合，那么这个磨合过程中要谈些什么呢？除了彼此了解过往之外，更重要的是畅谈未来。

很多创业团队在早期磨合过程中，很容易陷入一种创业狂热，大家很兴奋地幻想产品上市后广受欢迎，投资者蜂拥而至，上市钟声盛大敲响，而忽略了具体细节的沟通。俗话说，亲兄弟还要明算账，这些因为共同的创业目标而聚集到一起的人，亲密程度离亲兄弟还差得很远，如果事先大家没有沟通好对未来的想法，很可能会陷入各据一方、互相推诿甚至混乱纷争的尴尬局面。

因此，我们要在这 100 个小时当中，为公司做一个 5 年规划。这个规划主要包括业务和钱两条线。

还是拿出一张 A4 纸，我们要在上面画一张类似《大富翁》游戏的地图。每一个格子代表一个月。

先画出产品线的理想状态，从第一个月开始，到第几个月产品原型完成？经过几次迭代，产品可以正式推向市场？这是两个最重要的节点。在这条理想中的主线之外，再画一条支线，如果产品延期怎么办？在可能延期的节点画一条支线。在这里我们不需要考虑产品提前完成的状况，因为这在实际操作中极为罕见。接下来就要讨论一下，延期多长时间是大家可以接受的？如果超过了这个期限怎么办？如果产品一直做不出来，哪个时间节点是大家都认可的、应该停掉项目止损的节点？

然后就是将产品推向市场了。产品上市的时候，大约投入多少资源推广？理想的状态大概是什么样子？如果实际情况远远不及理想状态怎么办？是将产品回炉，还是加大投放力度？或者干脆承认失败，放弃这个产品，重新开发其他产品？在这个阶段，我们可以考虑一下产品上市之后爆红程度远远超出预期的情况，因为这种情况非常常见，例如游戏产品中的《别踩白块儿》《神经猫》，APP 中的脸萌、足迹等都发生过类似的状况。很多创业公司正是因为事先没有考虑应对预案，白白错失了千载难逢的市场爆发的大好时机。所以，这一点一定要事先想好。根据行业和产品形态的不同，如果一旦爆红，是迅速融资，还是扩大生产规模、加大市场投放力度？或者直接把公司卖掉？通常这种爆红的窗口期非常短暂，留给你的操作时间不多，事先考虑得越周全，越能让爆红的优势发挥到极致。

接下来不确定的状况很多，可以分别按照 1 年、2 年、3 年、4 年、5 年作为时间节点去规划。到每个时间节点的时候，在理想状态下，产品是个什么情况？公司发展到了哪个阶段？规模有多大？是否经过了一轮融资？融资额度和出让比例是多少？公司的流水和利润状况如何？是否要分红？每个人的状态是怎样的？大家希望的年薪是多少？每个人希望在工作职能上有哪些拓展和改变？有没有人想要退出？期望中的退出条件又是什么？这时候要考虑得很细，甚至细到要租什么档次的写字楼、每个人办公的面积、是否配备司机等都应该考虑。有时候这些细节很致命，很多公司创始团队的分裂，正是从一个微小的细节开始的。

说完了理想状态，我们就要来谈一谈最坏的打算了。万一什么都不成功怎么办？是否要坚持下去？是否大家自己出钱追加投资？每个人愿意出多少？每个人可以坚持到什么程度？最终的时间底线在哪里？

当然，实际上发生的情况有可能和我们此时的想象天差地远，这么规划的目的也不是要完全按照这个方案来做，而是通过这个规划，尽可能把所有的事情想清楚，尤其是每个人的个人规划和公司发展之间的关联和矛盾。此时大家一起创业，就好比在洪水中上了同一条船，大家必须同舟共济，但未来洪水退去，船航行到风景如画、水草丰美的地方，就有可能有人要下船。或者是某个人不仅不划船，还要凿船，大家一致决定让他下船。或者有人出了意外状况，不得不下船。船可能越开越残破，也有可能越修越大，从小河驶入大江最终扬帆海洋。也可能会有人中途上船，因为船上需要这样的人，或者仅仅是适逢其会。

我的某次创业，就因为这方面没有沟通清楚最终导致不欢而散。那次创业我只是个合伙人，我的打算是公司步入良性发展轨道，经过两轮融资之后我能够退出或部分退出，最好能在 3 年左右实现这个目标。但公司创始人则是个小富则安的人，他很享受当老板的感觉，也没有太多冲劲儿，并不积极融资让公司迅速做大。如果一开始沟通清楚，我们或许可以找到一个折中方案或者根本不会开始这次创业。

在这整个过程中，最困难的环节就是谈钱。很多中国人耻于谈钱，也碍于面子不愿意去反驳别人。最常见的情况就是从众，有一两个人提出一个方案，第三个人虽然有一些不满意，但是会选择什么都不说，忍了。但是此时的“忍”会给未来的合作留下隐患。譬如说，创业初期，全部合伙人都同意大家暂时拿低薪，但是这个低薪到底是多少，不同的人看法差别很大。有人提出每人每月拿 5000 元就好，而有人则会想，开什么玩笑，我一个月房贷就 8000 元，1 万元已经是很低薪了。但是他又不开口，只是在那里生闷气，或者等着别人说，要不然就是在后续的讨论中不断和提议 5000 元的那个人对着干。气氛马上会变得沉闷或是充满火药味儿。

在沟通过程中，创业者一定要把握好节奏和大方向，尤其要注意多观察。看到谁的情绪不对要及时引导他畅所欲言。一旦气氛转僵，要适时停止讨论，分别找当事人私下沟通。这可能是你一生中最艰难的一次谈话，但它是值得的。因为这次谈透了，后面的麻烦就会少很多。我们经常看到一些创业团队能够共患难但却不能同富贵，很多时候并不是性格悲剧，而是一开始大家没有讲清楚，每个人都默认为其他人的想法和自己一样。到了同富贵的阶段，才发现每个人的心思都天差地远，矛盾就立即变得不可调和。

女性在思维方式上和男性有一定差别。如果你是一个女性创业者，而你的合伙人都是男性，这种深入谈话就更有必要。你会发现大家的价值观是如此的不同，一个平常很随和的技术宅涉及钱的时候，可能变得“拼命占便宜，宁死不吃亏”；而一个看似斤斤计较的人则有可能很大方。公司遇到困难，你想着大家再掏出一点资金，同时积极进行融资；可能你的合伙人想的是抓一些单子来做，不管什么，只要能赚钱就行。而这又背离了你“想要做成一件事”的创业初衷。总之，人是复杂的，两性之间的差异是巨大的，话不说不透，丑话，一定要说在前头。

## 第 34 课　要拿住 70% 以上的业务

一家公司的全部业务像是一张拼图，而创始团队的所有人，应该掌握 70% 以上的图块。对于大公司来说，管理层可以不做任何具体事务，只要会管理就好了；而对于创业公司来说，很多事情需要创始团队事必躬亲，因为你很难找到合适的人去做那些关键的事。

创业最重要的资源就是人和钱。人从哪儿来？拿钱可以砸出来。但是每天挣扎在生死线上的小公司没有那么多钱可以砸。就算是有那么多钱，在面对同样多的钱的时候，求职者肯定会选择大公司而不是小公司。大公司稳定，不会时时处于可能倒闭的危险之中；大公司品牌知名度大，会让员工与有荣焉；大公司制度健全福利保障好；大公司可以调动更多资源做大事……大公司的好处实在太多，创业公司在人才方面很难与之竞争。也许创业者的个人品牌和个人魅力勉强可以算一个优势，再加上创业公司未来的想象空间也算一个，但这两点都有点虚无缥缈，没有太大说服力。

既然人不好找，钱也不充裕，为了抗风险，就要让创始团队人员齐整。有了五虎上将再加上卧龙凤雏，才有了争天下的底气。不然你很有可能兵败于某个关键节点缺少关键人物这个问题上。

做一个小型初创公司，如果创始人自己能承担或熟悉绝大部分业务，那是最好不过的。譬如你卖葡萄酒，如果你有品酒师证书，又有培训师证书，有经营管理经验，还懂一点仓储和电商，那就没什么能难住你的了，你一个人就足以撑起一家店。在你的公司，任何一个员工都不具备不可替代性，所有的一切你都能一手掌握。但是，在很多更复杂的行业和领域，一个人不可能包揽所有的职能，那就只能追求全部创始团队能够涵盖绝大部分业务。

我这里说的 70% 也是有讲究的，并不是在全部业务中随便切下 70% 都可以。首先最重要的，是创始团队一定要有人会管理。别笑，真的有很多创业到了 A 轮、B 轮的公司，你进去一看，管理方面烂得不成样子。还有一些公司，已经做到很大，但是公司管理层不承认管理是有价值的，要求即使是 VP 岗位，也要去做具体的工作，不允许有纯管理的职位存在，这属于完全无视管理的类型。对于企业来说，管理太常见了，就像空气一样，这让很多人忽视了它的重要性，但越是常见的东西，才越重要，它决定了你的生死。

其次是技术。技术既复杂又高深，懂就是懂，不懂也很难装懂。我们经常看到设计师吐槽老板经常站在身后指指点点，这个放大一些，那个太灰了之类；也经常看到文案说老板喜欢亲自改来改去，就算不会改也要改改错别字和标点符号刷存在。但是我们很少听到程序员抱怨说老板对代码发表意见。创始团队缺乏技术合伙人是一件很可怕的事情，这很容易导致创业者被招聘来的技术人员绑架。一个很简单的功能，他说这个功能实现不了或者一天的活儿干一个月，你也无从反驳，就算意识到事情不对劲也没办法，因为你根本不懂。这样的公司里面，经常存在一些技术蠹虫型的中层，他们喜欢看各种技术文献，卖弄一些最前沿的技术理论和术语，经常开启一个项目但是从来不会把它做完。即使全公司都知道他是个混子，但他只要能把老板唬住，照样可以升职加薪，在公司混得风生水起。

再次是商务。这里所说的商务是广义的商务，不是指商务人员，而是指商务活动。融资是商务，和其他公司建立合作也是商务，把你的产品或服务推销出去也是商务，甚至某种意义上来讲，媒体公关和政府公关也是商务。创始人精通商务的公司，一般在前期的发展都会比较顺利，因为创始人的商务能力能为公司带来大量资源，对于初创公司来说，这些外部资源就是公司的发展动力，在前期能起到至关重要的作用。

我经常接触到一些初创阶段的游戏研发公司，几个合伙人都是做开发的，也不清楚商务的作用，游戏做好了，整个团队没有一个人能够对外，作为公司的窗口，把产品代理出去。他们辗转找到我，我也只能建议他们做好产品介绍，做好游戏视频和截图等必要商务资源，出去试着跑跑看。当然我也没忘了建议他们招一个好商务。创始团队没有人懂商务，通常也不知道怎么找好商务，要么找了一个混子，整天吃吃饭报报销，干了几个月一事无成，还耽误了产品最佳上市时间；要么就是找了个不知所谓的小姑娘，连引擎是什么都不知道，整天上 QQ 到处骚扰，张嘴就是“在吗”“忙不”“早上好”，让人烦得连看产品的兴趣都没有，只想立即拉黑。

最后是产品，我把产品放在最后，并不是因为它不重要，而是因为大家都知道它的重要性。一个人之所以会创业，多数是因为对某个产品有想法，有执念。产品是创业的基石，一般来说，创业者本身就是对产品最了解的人，所以反倒是不用重点去强调了。

# 第 35 课 价值观冲突，最应该警惕的红灯

我第一次意识到人与人之间存在着巨大的价值观冲突，是在小学一年级。那时候，班主任老师在随堂默写生字之后，常常让同桌的两个同学交换打分。我拿过同桌的本子，看到所有的生字都写对了，就打了个大大的对勾，写了个大大的100。当我很开心地把本子递过去的时候，我的同桌，一个小男生，居然很伤心地哭了。后来我才从他对老师抽抽噎噎的倾诉中了解到原因。我的大对勾和大 100 占了三行的空间，浪费了他的本子！那一瞬间，我的世界观开始崩塌，而他依旧带着哭腔重复着，他默写生字只用了两行，而我浪费了三行。我做梦也想不到会有人在意这个问题，因为我每次默写都是另起一页的，我觉得这样看上去干净整洁。这不是家庭经济状况差异造成的，那时候全班同学几乎都是一个大院的子弟，家长们都是同事，而且是计划经济时代，每个家庭的经济状况都差不多。这是价值观的问题。

价值观是原生家庭印刻在一个人身上的烙印，一般人很难摆脱。除非经历一番脱胎换骨。这也是我一直在强调选择合伙人一定要了解他家庭背景的原因。

很多时候，价值观的不和谐会体现在一些小细节上面，稍不留心就会从眼皮底下溜走。要打起十二分精神去关注这些细节。因为在大部分社交场合，人们习惯于去掩饰自己的价值观，尤其是当他觉得自己的价值观和主流价值观格格不入的时候。

记得我的某一段职场经历，是由我来组建一个部门，部门的第一个员工是个美术经理，能力、资历都很不错。因为在一段时期内部门只有我们两个人，所以我们经常中午一起去楼下的快餐店用餐。我提出我们AA制，他却执意要求轮流请客。逐渐地我发现，轮到他请客的时候，他总是去最便宜的店，点最便宜的餐。而我是那种从来不肯在饮食上委屈自己的人，所以我请客的时候总是根据心情和口味换着花样吃，但不管我换哪家店，他依然只点最便宜的饭。我并没有觉得我占了他便宜，因为我选的那些店最便宜的餐基本上都比他选的那家店中我点的餐要贵，也就是我请他花的钱要比他请我花的钱多。但是他却不这么认为。很久以后，我才知道他经常到处抱怨我占他便宜，因为我没有在他请客的最便宜的快餐店和他一样，点最便宜的餐，他并不去考虑我请客的时候花在他身上的钱更多，而只是介意我为什么不让他花最少的钱。好吧，我有点算不过账来。这个人刚过了试用期不久就提出离职，成为一家创业公司的合伙人，那家公司给他的薪水并不高，但是老板有一辆车可以借给他开。我后来才知道他出身贫寒，家里欠了一笔不小的外债。他很喜欢车，但是买不起。

这个故事除了告诉我们价值观冲突之外，还告诉了我们，面对不同价值观的人，我们取悦他们的方法截然不同。如果有人拉我创业，开出的条件只是一辆中档车借给我开，我肯定白眼翻到了天上。但是对于一个债务缠身的人来说，买车这个梦想可能只能等到他把债务还完才能实现，而现在有人帮他提前实现了这个梦想，他自然会感恩戴德。

女人比男人更善于从一些小细节上面发现价值观冲突，并且一针见血地看清楚一个人，这是我们性别上的天赋技能，一定要好好利用才行。

曾经有个在某个文化领域很有名气的人想要创业做游戏，拉我入伙，第二次见面便引荐他的投资人给我认识。那位女投资人姐姐的着装与投资人的形象相距甚远，我礼貌地寒暄了几句就逃离了。这件事最终如我判断的一样，所谓女投资人只不过是个掮客，拿着这头的项目去找投资，从中想要得到好处而已。

还有某个刚刚把自己的创业公司高价卖出的老板，想要二次创业做游戏，找到我要我加入。和这位老板以及他的技术合伙人谈下来，我就觉得有点不太靠谱。接下来他请我用餐让我彻底将他拉黑。我跟着他在巨大的地下车库走了 10 分钟，才找到他那辆据说从美国运回来的限量版汽车，因为车身比一般的车宽大，所以只能停在这个偏僻的车位。现在想来他是要跟我炫耀这辆车的，可惜我对车子没有任何兴趣也一窍不通，他这是媚眼做给瞎子看了。他把车子开出楼门，直接停在了围墙外的一个小饭馆门口，总共开了一分钟，停车又花了五分钟，小饭馆可没有给他预备宽大的特殊车位。那是一家档次极低的家常菜饭馆，就是桌上铺了七八层一次性台布，每次翻台就揭开一层，从来不擦桌子的那种。那位刚刚以上亿价格出售掉公司的老板，点了包括拍黄瓜在内的两个凉菜一个热菜，想想可能也觉得说不过去，又加了一盘饺子。我几乎一口没吃，好不容易等到散了，转头去隔壁的无名居补了一顿。如我所想的一样，这位老板后来做互联网业务，收购了几家公司，七拼八凑把公司弄上了市，但是游戏这块儿怎么都做不起来，稍微有点起色马上死，几起几落，现在似乎没了声音。他眼光是好的，但是关键时刻不肯砸钱，所以每次都起个大早赶个晚集。后来听到他的一些八卦，他请投资人吃饭也是不过人均五十，看来不是针对我，这让我稍微有一点欣慰。

价值观的冲突是不可调和的，而且一个人的价值观很难改变，甚至一个家族的价值观也很难改变。所以，遇到价值观冲突，要么妥协，要么压制，没有其他办法。虽然商场不同于家庭，价值观冲突不会那么明显地表现出来，而且弱势价值观的人会刻意去压制自己的价值观，平常尚能维持一团和气。但是一旦遇到重大财务问题，如融资、分红、加薪降薪、追加投入等，价值观冲突就有可能瞬间爆发出来，造成不可收拾的局面。我听说过一些极端的案例，譬如有些创业者把一百万看得比天还大，融到几百万投资之后就觉得登上了人生巅峰，带着全公司环球旅行去了，把投资者惊得下巴都掉了。还有一些高管从来不敢花大钱，明明投入一个亿去砸就能战胜竞争对手，手头也有这么多钱，非要一千万一千万地烧，烧到最后，对手没死，自己先被董事会干掉了。

怎么处理价值观冲突问题呢？下面这个故事很有借鉴意义。有两个老板，都很有钱，都很讲究生活品位，都觉得自己的合伙人和高管团队不够有品位。一个老板就是整天念叨，不停嫌弃，大会小会说大家要提升品位，才能做出有格调的产品，每次重大活动结束后都点名说谁谁谁穿着打扮不得体。然而似乎并没有什么效果。另一个老板则是每次出国就去奢侈品店扫货，十几个十几个的买。回来之后，包包送给各位女高管，皮带送给各位男高管。居移气，养移体，老板送的包包不能不背，不背就是不给老板面子，可是背包包配T恤短裤肯定不合适，总要买几件衣服配，有了衣服，就要买鞋子……一来二去档次自然上去了。

# 第 36 课　为自己打造一个适合的外在形象

世间万事，唯价值观和审美观不可妥协。

上一节我们讨论了价值观，其实只讲了价值观当中很小的一方面：对钱的态度。因为这方面在创业这个大背景下显得至关重要。至于审美观，当然也很重要，对女性创业者尤其重要。

还是从进化心理学的角度去看，为什么大多数男性缺乏审美且不重视审美呢？首先男性对于红色的分辨能力极差，其次男性分辨光谱中部的颜色形状时比较弱，比如蓝色、绿色和黄色。美国马里兰大学的一项研究证实，一种被称作“视蛋白”的基因“OPN1LW”决定了人类的色彩分辨能力，X 染色体有两种类型的“视蛋白”，可以帮助人类识别红色或者橙红色。女人有两个 X 染色体，所以对红色系的色彩更有识别力。甚至有研究认为，绝大部分人类是“三色视者”，也就是能够分辨三原色衍生出的颜色，而少数女性则是“四色视者”，具有超人的色彩分辨能力。

所以，当你化着精致裸妆，把颜色武装到了每一根下睫毛的时候，只要你不涂口红，你的男友或老公就会认为你没有化妆；而你完全素颜，连粉底都不打，只要涂了一张红唇，你的男友或老公就会认为你化了浓妆。你能够轻易分辨唇膏的正红色、西瓜色，豆沙色、裸粉色、粉橘色、珊瑚色、玫红色、浆果色、梅子色、皮粉色、嫩粉色、正橘色、藕粉色、洋红色、亮橘色、摩卡色、樱花色、樱桃色、蜜桃色、玫紫色、桃红色……而这些在男性看来，只有三种颜色，红色、粉色和紫色。

创业的过程中，有很多用到颜色的场合，设计公司logo、装修、官网、名片……这些对于任何领域的公司来说都是必不可少的，如果是餐饮业，还可能需要设计或定制工服和餐具，而文化产业的产品设计更是离不开视觉设计和颜色。请务必注意，一切和颜色有关的东西，最好都不要让男性合伙人参与决策，一定要让创始团队中的女性来拍板，这可是保证设计美感不出偏差的不二法门。

在原始社会，由于男女的生理差异，男性多从事重体力劳动，如狩猎、砍伐、耕种等。而制造生产工具和生活工具等不太需要体力的工作，大部分由女性来承担，比如雕刻饰品或者在原始陶器上绘制花纹等工作，这训练了女性的审美敏感度。我们传统上对优秀女性的定义，也包括了心灵手巧这一项，因此，女性会对美更为重视。

很多现代社会的女性，很反感“女为悦己者容”这句话，打扮得漂漂亮亮出门去，更多的是要向同性彰显自己的美，以及彰显自己的审美。这有点类似小男生走着走着突然来一个投篮动作，大部分女性都觉得这种行为很傻，但是很多男生还是坚持做，他们只是在向同性展示自己的敏捷和力量。没办法，现代社会不需要他们狩猎了，只能通过这种方式去展示自己的原始本能。但是现代社会需要展示美的场合太多了，所以女性随时随地有机会表达自己的审美，包括创业过程中的各个细节。

审美观冲突和价值观冲突不同，价值观冲突是水银泻地无孔不入的，而审美观冲突多发生在女性与女性之间，大部分男性在“是否美观”这个问题上，都不会过于坚持己见，因为他们根本就觉得这不重要。

但如果一个创业公司的创始团队中有多名女性，且这些女性的审美观不一致，恐怕就是个灾难，尤其是地位比较高的女性审美观过于奇葩和另类，她就很难和其他女性团队成员相处融洽。

更重要的一点就是，作为一名女性创业者，千万不要和社会主流审美观之间发生冲突。“我文身、抽烟、喝酒、说脏话，但我知道我是个很好的女性创业者。”亲爱的，请不要这样自说自话。如果你想创业成功，最好用长袖衬衫遮盖你的花臂，只在朋友面前抽烟，矜持地符合社交礼仪地喝酒，不在任何公开场合说脏话。否则你的创业之路会分外艰难。

人们对优秀的创业者，有既定的刻板印象，可能对于男性还好一点，人们能接受西装革履的商界精英，也能接受格子衬衫配仔裤的技术宅成为商业大亨，甚至能接受一身运动裤的史玉柱上市敲钟。但是到了女性这里，妆容得体、谈吐优雅、服装整洁几乎是既定的标准。试想两个女性创业者寻求投资，一个是文身，挑染长发，脏衬衫，烟熏妆；另一个裸妆，职业装，一丝不苟的盘发，你会投资哪个？你认为哪个人可以成为上市公司 CEO？人们只会根据自己看到的去做分析，根本不会在意第一个可能是个好女孩，第二个可能是个扮猪吃老虎的心机之人。因为第一个人的审美风格是非主流的，会给人以不靠谱的印象，投资者会很担心她做出什么出格、离经叛道的事情，这种打扮的人会给人以无从把握的感觉。而第二个人的外表则会给人以熟悉感和安全感。

前面提到过的，寻找一个榜样的方法，也同样适用于自我外在形象的塑造。事实上这种方式在商界也被广泛采用。你同样可以选择一位成功女性的着装风格去模仿，可以是商界的，也可以是政界的。

在创业的道路上，女性毕竟是少数派，因此很容易引起外界的瞩目，无论是投资界，还是媒体圈。为自己打造一个适合、美观、既定的外在形象，对于你树立个人品牌以及打造公司品牌形象，都很有好处。在商务场合，如果你有点脸盲，最好的方法就是让别人记住你，而不是你记住别人。而让别人记住你的最好方法则是你看上去很有特色，与众不同。

让人比较容易记住你的最简单的方式是设计一个个人形象符号。所谓个人符号，就是你既定不变的一种东西，只要你出场，它就在，这种个人符号可以强化你这个人在别人心目中的印象。个人符号可以是某个牌子香水的香气，无论到哪里，只要闻到这种香气就能看到你。也可以是某个品牌或某种设计风格的服装，带有个人风格的服装搭配能让你在众人之中一下子跳出来。某个夸张而特殊的配饰也是不错的选择，它可以是很醒目的戒指、手镯或项链，也可以是头饰。还有一些不太常见的符号也可以选择，譬如始终穿某个颜色的衣服，或者总是留一种发型，戴同一个发饰，等等。

# 第37课 合伙人安插亲戚到公司怎么办

创业主要解决两个问题，一个是钱的问题，一个是人的问题，这两个问题几乎已经是世界上最复杂的两个问题了，在这么复杂的情况下，一定不要乱上加乱，再掺杂进各种私人关系。

最常见的私人关系就是你的合伙人或者亲朋好友要求给自家亲戚安排工作。以前遇到这种情况，你是打工的，还可以用自己不能做决定、公司没有岗位空缺等理由作为推脱，现在你是老板了，这种托词已经行不通。“你是老板，安排个人有什么困难的?”“什么？小公司不需要人？我们就要个实习机会都不行吗?”在这种情况下，拒绝，会伤了对方面子，不拒绝，则后患无穷。

除非这个人从能力、经验和待遇要求等所有方面都符合你的要求，否则不建议录用，因为这种关系进来的员工很难管理。你对他再好，他都会有不满意的地方，而这种关系会让不满意放大到极致，最终还是会损害到你和亲朋好友的关系。而且这种关系一旦被其他员工察觉，又会引发一系列不满，小公司一旦被打上裙带关系或家族企业的标签，将会令大部分有能力的员工敬而远之。

正确的处理方式则是，如果推荐给你的这个人是有工作经验的，你最好以没有合适的岗位为由，把他推荐给其他公司，只要他有了一两次面试机会，一般来说就不会继续纠缠了。还可以以非常低的薪水迫使他主动放弃。如果这个人是应届生，且仅仅是需要一个实习经验，实在无法推脱的话，可以考虑接收，但一定要事先约定好实习期限，并尽量安排他做一些简单而独立的工作。

像这种亲朋好友的亲友还是比较容易推脱的，最怕的就是那种合伙人或利益相关人安插人进来。这种情况分为两类，一类是纯花瓶，就是让你养着加看着，甚至我见过推荐人说他来支付这个人的工资的情况。另一种则有点麻烦，就是这个人是来你这学东西、摸情况的，有可能是投资者要踢掉你的一个马前卒。这两类人很容易分辨，能力的高下天差地远。但不管哪一类人，都是很难推辞的，肯定要收进来，但是收进来之后，应对的方法要有所不同。

花瓶进来之后，要做好隔离工作，尽量少让她和其他员工接触，类似前台、行政、财务、助理等支持部门都不适合。比较适合的是商务一类的，经常往外跑的业务部门，最好让她只跟一个人直线汇报，不要和其他任何部门的任何人协作，而这个汇报对象，就是你本人最合适。如果你的公司有分支机构，把花瓶派出去也是不错的选择。

而另一类人其实就是商业间谍的性质，不管他是自觉的还是不自觉的。这种情况一般推不掉，而且这个人通常能力相当不错，尤其是学习能力超强。对付这种人，最简单的方式，就是把他放到某个边缘的业务部门，做很具体的工作，尽量不让他接触到核心业务和核心技术，尤其是重要的会议，不要让他参加，不该给的权限也一样不能给。

创业之前，一定要和所有的合伙人约定好，大家都不能让自己的亲戚朋友进入公司，即使这个人的能力和资历与公司的需求十分匹配也不行。一旦某个合伙人和他的亲朋好友形成一个小集团，对创业公司的打击将会是致命的。合伙人之间的矛盾很快会上升为你死我活的斗争，而这种斗争将使胜者一无所获，令公司元气大伤。

另外一种私人关系涉及的则是感情问题。职场恋就像是校园恋，因为接触的时间太多，所以擦出的火花也多。职场恋看上去很美，但毕竟不是电视剧，现实中的好结局不多。而且，职场恋的种种不同表现形态，比校园恋复杂得多。我见过女投资人嫁给创业者，成为老板娘的；也见过女投资人当创业者小三，最后创业者出走，公司由小三接盘的；还见过上市公司大股东二股东结婚忘了公告的；还见过二股东为了夺位，使出美人计引诱大股东的。简直可以称得上是一部部商战情感大戏。

在创业领域，女性毕竟还是少数，职场中的优秀女性，或多或少都曾经遭遇过性交换的诋毁。女性创业者尤其要注意不要在情感上栽跟头。如果你是一个已婚的女性创业者，秀恩爱是最好的防御，多让老公来接自己几次，多送送花，送送礼物，就已经足以抵御大多数蠢蠢欲动的精虫上脑和莫名其妙的脏水。如果你是个未婚的女性创业者，避免烂桃花的唯一方式就是时刻保持距离，看上去和所有人关系都不错，但是却并不曾跟某个人关系特别近。并不是所有的职场感情都会给公司带来负面的效果，如果你只有一个合伙人，且你们相爱了，那是一件好事，感情和事业的双重叠加，会让你们的联结更为稳固。但如果是其他情况，可能就会比较复杂，无论是你和多个合伙人中的一个相爱，还是多个合伙人中的两个人相爱都会是个麻烦。如果再加上出轨、婚变，则更是令人头疼的复杂局面。

感情的事情，没有人能够说得清楚，也没有办法预防。作为创始人，你能做的，就是在公司树立公私分明的风气，这样可以潜移默化地避免很多负面情况的发生。

# 第五部分

# 启动资金从哪里来——如何寻找启动资金

说完了人，该说说钱的事了。

对于创业来说，人是第一位的，钱是第二位的。

我曾经跟一个闺蜜讨论过“创业没有钱行不行”这个问题，她认为是可以的。

她说：“写书也是一种创业，一个人，只要有天赋，肯花时间，慢慢去写，就一定能够获得成功。”

我说：“虽然可以这么说，但这是一种非典型的创业。”

她说：“并不是啊，有些书的创作者是一个工作室，他们会经常开会，讨论选题，甚至流水作业式地写作，那和其他行业的创业有什么不同呢？”

我想了想，无法反驳，这样的创业确实不需要启动资金，只要人在，头脑在，拿出自己的电脑，就可以开始干了。很多微博、微信大号也是这么做的。还有类似那种手艺人，在街头摆个摊儿，捏面人，编草蚂蚱，似乎也不需要什么启动资金。

但是大多数创业却并非如此。

对于绝大多数创业者来说，钱，始终是一个困扰他们的最大的问题，而且很大程度上决定了公司早期的生死。即使你是富二代或者从大企业出来的高管，有充足的资金可以投入，你依然会觉得钱不够用，因为每个人都想做更大的事情，就需要更多的钱。

从哪儿找钱，如何找钱，就成了摆在每个创业者面前的一个最重要的问题。

# 第 38 课　花自己的钱还是别人的钱

创业，应该花自己的钱还是别人的钱？对于这一点，一直以来就有两种截然不同的看法。

一种观点认为，有多少钱，做多大事。创业应该投入自己的钱，并且由自己完全掌控一切，这才是真正的创业。完全不需要四处路演，求爷爷告奶奶到处融资。如果钱不多，可以先从小事做起，不断投入，慢慢做大。

另一种观点则认为，做大事，必须砸大钱。尽可能拉更多名人大佬进来，除了钱，这些人还能带来很多附加价值，名人为你做背书，大机构的品牌知名度，都能为你的公司加分，而且在创业三元素中，人和时间这两样，在某种程度上，都是可以用钱来置换的。有钱，就能招到牛人；有钱，就能投入更多资源，节省时间。非别人的钱不能创业也，只要我能给投资者足够的回报，让大家实现双赢，拿别人的钱有什么不好呢？

持第一种观点的人，通常处于一个竞争不够激烈，发展平缓甚至停滞的行业。时间对于他来说没有那么重要，所以他可以慢慢去做，慢慢发展，譬如餐饮业。或者钱并不能带来时间的加速，譬如种植业。此外，他所在的这个行业，可能不是投资热点，增长也比较缓慢，通常也很少有人愿意投资。

但是，有些天使投资人却比较青睐持这种想法的人，他们认为，如果你自己都不肯投入，只想着用别人的钱做自己的事，那么我投资你风险就会很大。所以，有些天使投资人要求创业者一定要投入一定比例的钱进去，否则就不予投资。

持第二种观点的人，经常是处在高速发展的行业，每家公司都在和整个行业赛跑，落后一步，全盘皆输，所以他们需要更多的钱作为推进力，以便能够追赶上行业先行者的步伐。他们所在的行业，多数也是投资热点，只要有好的团队，好的项目，就会有一大群人抢着投资，他们通常要考虑的，并不是拿不拿钱的问题，而是拿谁的钱，以什么价格拿钱的问题。

但是，大多数创业者都是徘徊在这两者之间的一群人，尤其是很多女性创业者，经常是犹豫不决，不然我自己拿钱先做起来吧？或者先去融资试试看？这两种想法不断交战，甚至轮流坐庄。自己先拿钱做起来的情况下，发展到一定阶段，遭遇资金捉襟见肘，就会懊悔为什么不先去找钱。而找钱不顺利的时候，又在想还不如当初先自己做起来，这时候产品已经有了雏形，找钱岂不是更容易?

我见过很多游戏行业的创业者就是这样：团队初创阶段融资不顺利，他们就觉得是因为团队太早期没有产品的缘故。于是就先退回来开发产品，等产品有了 DEMO（demonstration 的缩写，演示版）再出去找钱时，却发现很多原来有意向的投资者纷纷打了退堂鼓，而继续保持关注的投资者，关注点又变成了“你们的产品什么时候能做完?什么时候能找到发行商?”这时候，他们想再退回去继续开发，却发现自己的钱已经不够了。

这是什么原因呢?为什么当团队一无所有的时候，感兴趣的人很多，而当团队有了产品雏形的时候，感兴趣的人却少了呢?这是因为当你们除了人什么都没有的时候，投资者只能根据你的团队实力和你的商业计划书对你做出评价。如果你是大公司出来的，有过成功项目经验的团队，那投资者就会给你打一个很高的分数，并且想象你的产品、营销、管理能力都像你金光闪闪的履历一样，具有同样的分数，认为你的新产品一定会像你以前的那个产品一样成功。当你除了团队，还有一个项目草案的时候，人们的关注点就会转向团队分数和项目草案分数各占一半。任何项目方向都有人喜欢有人不喜欢，这就又筛选掉了一部分人，而且如果你的团队分数非常高，草案的出现就很可能会减分而不是加分。如果你已经有了DEMO，这时候团队的分数所占的比例就更低了，投资者看你的草案时，会想象产品做出来的样子，而他这种想象通常都是更符合他自己意愿，且美化过的，而你的DEMO肯定跟他的想象不一样，通常也不如他想象中的好。而且既然是DEMO，就一定有很多不完善的地方，这些在投资者眼中，就是赤裸裸的缺点。那些美好的设想，都成了被这个DEMO戳破的泡沫。

譬如你在草案中说这是一个类似《炉石传说》玩法的游戏，人们会很自然地觉得你的美术水平也能跟《炉石传说》一样，但是以国内手游开发团队的平均水平而言，你的DEMO的画面比《炉石传说》差很远的可能性更大。所以，你会发现，你做得越多，有投资意愿的人越少，因为你的产品每一个具体的特征，都打破了潜在投资者的想象空间。

所以，从一开始就要确定好策略，是用别人的钱，还是用自己的钱？或者是自己先投入一部分，做到什么程度就开始融资。这个策略不是由你有多少钱决定的，也不是由你的融资能力决定的，而是由你的创业方向和业态决定的。要找到最适合你的创业项目获取资金的方式，并且取得全部合伙人的认可。一旦决定，就不要更改。不要怕融不到钱，其实融资就像长跑，只要坚持，总能拿到钱。

# 第 39 课 用熟人的钱还是机构的钱

在商业领域，一家公司从初创到壮大，从来都是用自己的钱向前滚，一次都没拿过别人的钱，不管是借款、贷款还是融资，这样的公司其实非常罕见。所以说，你只要创业，就不可避免地去使用别人的钱。

这个所谓“别人的钱”，从来源划分，可以分为熟人的钱和机构的钱两类。寻找天使投资人，有“3F”一说，“3F”指的是家人、朋友和“傻瓜”（Family、Friend、Fool），所谓傻瓜，就是那些个人身份的天使投资人。

拿家人或朋友的钱，一个很明显的好处是你更容易说服他们。但一个明显的难题则是，如果你赔了，你要怎么去偿还？你的家人或朋友之所以肯掏出钱来支持你，是信任你这个人，未必对你的创业梦想感兴趣，他们通常不会去了解你的项目和所在产业的发展前景，也未必会去计算有多少回报以及什么时候能够获得回报，他们只是相信你不会让他们吃亏。面对这样的信任，你抵押的是你的人格和未来的人生，这样拿来的钱，其实一点也不轻松。女性相较于男性，更重视人际关系，更重视亲情友情，因此女性创业者拿熟人的钱，可能要承受更大的心理压力。

我曾经见过一家创业公司，只有二三十个员工，却有五六个在公司背着手晃来晃去、无所事事的人。后来我才知道，这些人都是老板的朋友，也是出钱的公司股东。这些股东大部分都是小业主和小老板，手头有一些闲钱但又不知道怎么投资，就都给了朋友。因为并不是特别有钱的人，所以把这点钱看得很重要，又因为自家的产业不需要牵涉太多精力，所以就隔三岔五来公司盯着。这些人的气质和素质与这家互联网公司是如此的格格不入，让人有一种时空穿越的恍惚感。他们在公司吸烟，炒股，大声打着电话，令很多员工不胜其扰。这还是日常小事，一旦到了融资、并购、分红等重大节点，这些人可不会从公司发展和长远利益着想去考虑问题，他们心中的小算盘噼里啪啦打得飞快，想着的不过是自己能够套现多少，赚头比炒房高几倍罢了。游戏行业有好几家公司就是这样的股权结构，大多数公司被这种股东拖得半死不活，错过了很多机会，最终也没有发展起来，但是一时半会儿也死不了。拿亲戚朋友的钱，很容易会遇到这种尴尬的局面。

拿天使投资人的钱，似乎情况好一点，至少他们对整个创投领域的游戏规则比较熟悉，也懂得放长线钓大鱼的道理。如果他们占股比例很小，倒是没有什么问题。但如果超过了一定比例，大多数天使投资人就会对公司的经营指手画脚，原本只是想找一笔投资，最终却请了一位太上 CEO，这样的局面令人尴尬。

所谓机构的钱，包括投资机构、大公司的战略投资以及银行贷款等几个方面。

拿投资机构的钱相对比较正规，一切按照合同约定办事，也很少有机构有闲心和人力去干涉你公司的经营。而且机构为了自己退出，通常也会积极地协助你寻找下一轮融资。对于女性创业者来说，拿机构的钱，公事公办，可以避免很多不可预测的风险和麻烦，是一种比较干净利落的选择。

当然，享受规则好处的同时，也要忍受规则带来的负面作用。拿机构的钱，可不像拿老爸的钱那么简单，老爸给你钱，那就是一句话的事情，今天点了头，明天就到账。机构有流程有评估，有各种细节要讨论，各种文件要签署。从基本有意向，到钱真正下来，至少三到六个月时间，这还算是短的，如果跨越了年头年尾，可能会更长。这么长的时间，你的公司能等吗？你的团队能等吗？如果这段时间都在等米下锅的话，你的公司恐怕早就难以为继了。

初创企业从银行拿贷款，也不是容易的事情，如果能赶上某个政策的风口可能会容易一些，某些中小城市比一线城市容易一些。但是银行贷款的时间更长，甚至要做好以年为单位的打算。这样长的周期不太适合互联网、游戏等发展速度飞快的公司。

对于大多数缺乏知名度的初次创业者来说，机构的钱没有那么好拿。通常状况下，你需要有一个特别核心的竞争力。可以是你和你的团队在某个领域的绝对优势，可以是你的项目具备很好的独创性和前景。一句话，就是你能做别人不能做的事，或者是别人竞争不过你，或者是你已经走在绝大多数人前面。同时，你的方向还要前景良好，发展空间巨大才行，两者缺一不可。

此外，还有对赌协议这种东西，你的亲戚或者朋友不大可能会跟你对赌，他们对持有你企业更多的股份没有兴趣。但是机构却经常会为了保证自己的利益，跟你签下苛刻的对赌条款，如果你没能取得相应的业绩，你公司的一条腿或者一只胳膊就归它了。这一点也是拿机构的钱要承担的风险。

# 第40课 众筹也是获得资金的一种渠道

获得启动资金的另一种方法，就是众筹。

众筹自2009年从国外兴起，两年后进入中国，到现在也不过几年的历史。但事实上，这东西一点也不新鲜，比如你随便去哪个庙宇，都能看到那种刻了很多人名字的功德碑，这些人都是为修建这座庙捐过钱的。这不就是众筹吗？而且还是很时髦的股权众筹呢。在古代，文人出书众筹的情况也并不罕见。

2013年，正是众筹最热的年份，几家大的众筹网站的竞争也到了白热化的程度。很多网站都在到处拉人拉项目。我就被莫名其妙地拉进了一家网站。这家网站在当时的众筹领域至少也能排进前五名。拉我进去的那位副总一开始想说服我做一个游戏项目的众筹，被我拒绝了，我当时根本不认为这是一个好的筹资途径，众筹就是拿我多年积累的行业声望和知名度去冒险。但是盛情难却之下，我同意拿我的新书

《人本游戏》来众筹。在设计众筹页面的时候，我们两人之间又产生了巨大的分歧。

我认为只要介绍我这本书，能吸引人想要看就好。他却说："你一定要体现你需要钱，否则你无法解释你为什么要众筹。"

我说："我就是写书而已，思想在我脑子里，我只要下笔把它们记录下来就好，这个过程真的不需要钱。"

他说："你不需要钱，用户怎么会掏钱？"

我说："用户掏钱是为了获得我的回报，这其实就是一种变相的预售。"

他坚决不同意我的看法，认为用户想要获得的不是回报，而是帮助别人实现梦想的满足感。我则是很现实，你就是我的一个预售兼营销渠道。最终，我们的讨论不欢而散。

还没等我的页面提交上线，这位朋友就离职了，不久，传来了这家众筹网站倒闭的消息。而我，找到了另一家以预售为理念的众筹网站，把资料原封不动地提交了上去。

虽然我的众筹成功了，但是发送回报的过程让我倍感厌烦。网站后台的支持并不像淘宝的易用性那么好，而且众筹平台的用户活跃度偏低，想要沟通经常找不到人，整个发货过程占用了我大量的时间和精力。我的众筹结束后不久，这家平台也全面转型为新奇特电子产品预售平台了。

我的这段经历充分说明，很多众筹从业者其实也没有搞清众筹的属性是什么。或者说，众筹兼具融资和营销两大属性，那些出钱支持你的人，有可能只是觉得你正在做的这件事有趣，想帮你一把，并不在意你的回报，我的众筹支持者当中，约有1%这样的人，他们根本没要回报。而另一部分人则是，我其实并不关心你这个人，我只是需要这个产品，想在第一时间得到它。这种人大部分活跃度偏低，不太会持续关注你项目的进展，也不会频繁跟你沟通。当然，大部分人则介于这两者之间。

利用众筹平台筹集创业的启动资金，不失为一条可行的道路。这其中也分为两种形式，一种是偏预售性质的产品众筹，另一种是股权众筹。这两种众筹方式都能找到对应的平台，去和平台接洽，多听取意见，就能知道你的创业项目是否适合进行众筹融资。

以过往的那些经典众筹案例来看，产品众筹的募资金额一般不超过100万元，少数几个达到100万元以上的，都是一些具有相当知名度和粉丝基础的明星产品，如《十万个冷笑话》和《大鱼海棠》。如果你的创业项目只需要10万元到50万元左右的启动资金就能生产出产品，那么可以考虑产品众筹，毕竟众筹是一种旱涝保收的募资形式。你的支持者在前期给你钱，让你去做事，在后期又消化吸纳你的产品，只要你的产品研发生产不出偏差，定价合理，就一定会有利润。

股权众筹的平台也有很多，而且各有各的玩法，背后也都有大企业和雄厚资金的支持。这些平台大多青睐电子产品和文化创意产品，而且互相之间的竞争也很激烈，如果有兴趣，都可以进行接触。

依托于平台的众筹，在本质上就是一次面对公众的营销。众筹是否成功，全看你如何包装自己。这方面女性具备一定的性别优势，如果本人或产品的颜值比较高，也是一个加分项。一定要深入了解你的支持者们到底出于什么心态来支持你，在此基础上，有针对性地设计文案、图片和回报，才能吸引到更多的资金，至少不至于众筹失败。

如果说平台式众筹的基础是社会学的话，人脉式众筹的基础就是心理学了。人脉式众筹的本质还是拿熟人的钱，但是这个熟人可能并不太熟，至少没有熟到亲戚和好友的程度。此外就是这一批人的数量可能非常多，可达几十个甚至上百个，这也是和亲友出钱的一个不同之处。星巴克创立之初的启动资金总共只有100多万美元，但是却来自于30多个投资者。这已经有点近乎人脉式众筹了。

人脉式众筹并没有固定的形式，只要能够拿到钱都行。商界经常有这样的例子，比如一位大公司离职高管天南海北玩了大半年，到处会朋友，游山水，吃吃喝喝。回来后立即开了自己的公司，启动资金还不少，股东中少不了他见过的那些朋友的名字。这是人脉式众筹一种最常见的方式。

还可以依赖于电话通讯录、QQ、微信等社交工具，一个人一个人地咨询，讲解自己的创业梦想和项目思路，请求获得对方的支持。这种方式更高效，也更简单，但是从每个人那里获得的融资额度都不会太高，好好组织一下语言，设定适当的额度，成功率并不太低。

还有一种情况是更社会化的场景，一群好伙伴或者一群同行，一直关系都很好，依托一个 QQ 群或微信群交流。突然有一天，有人站出来说想开一家咖啡馆，大家出钱，他来操办，以后大家聚会就有落脚的地方了。这时候可能一呼百应，设定好一个额度，大家都同意，钱很快就能凑起来。通过这种方式众筹成立的咖啡馆或新媒体已经为数不少。

总的来说，通过众筹获得启动资金，来钱快，成功率高，但是总的额度不可能太大，比较适合周期短、见效快的项目。随之而来的弊端就是股东太多，仅仅是召集一次股东会就是一个大工程。未来如果涉及融资或者出售公司，找大家一个一个确认，又是一场噩梦。股东多了，每个人的想法就有可能千差万别，掏钱的时候看着很顺利，但后面的各种琐细纠葛会极为耗人心力。尤其是女性创业，通过众筹获得的支持者，也一定是女性居多。三个女人一台戏，三十个女人的能量则堪比一场战争了。要处理这么多的人情关系，想想就头疼，你要掂量掂量自己能不能驾驭才行。

# 第41课 努力给投资者更大的回报

如果你从在街边卖针头线脑的老奶奶那里买了几根皮筋，回家发现她多找给你几十块钱，你会还回去吗？

如果你在沃尔玛买了一大车东西，回家发现多找了你几十块钱，你会还回去吗？

如果你从公司离职，下个月发现给你结算的补偿金多了几十块钱，你会还回去吗？

第一种情况，绝大多数人都会还回去的，因为老奶奶是小本生意，这几十块钱可能是她好几天的利润。第二种情况就未必了，那么大的连锁企业，你又消费了好几百块钱，少收了这几十块钱，很多人可以当成额外的折扣心安理得地收下。而最后一种情况，大多数人不会还回去，甚至觉得还回去是很愚蠢的行为。数万块钱甚至更多的补偿金中多了几十块钱，你几乎可以把它当成其实是公司财务人员算错了，或者是公司应该多给你的，留下它更没有什么心理负担。在第二种情况下，我们默认这个损失是超市承担，所以拿得心安理得。假设这时候，你看到一篇新闻报道，说的是这个超市的收银员如果算错了账，有出入的部分要自己赔偿，报道里有好几个收银员接受采访，为这种赔偿成为自己很大的负担而诉苦。这时候，你会不会产生一点心理压力，觉得自己不把钱还回去是不对的？

这是一个有趣的心理学现象。当你占了有钱人的便宜，你会觉得心安理得；而你如果占了穷人的便宜，你会感到不安。同理，如果你从最好的闺蜜那里借钱买房，你会天天惦记着早点还给人家。而从银行贷款买房，则没有这种心理负担，因为闺蜜借钱给你是人情，不是图利，而银行借钱给你是要赚钱的，所以你不觉得欠了银行什么。

同样道理，你创业，如果用的是亲朋好友的钱，你会更有心理压力，但是如果拿的是机构的钱，则心理压力要小很多。这也是拿熟人钱和拿机构钱的一大区别。

但是，不管拿的是熟人的钱还是机构的钱，人家投资你，也总是需要回报的。作为创业者，必须时时刻刻提醒自己这一点，在跟投资者和投资机构打交道的时候，一定要站在这个立场上，替他们考虑问题。你要人家投钱给你，什么时候能收到回报，回报率是多少，通过什么方式退出，出去谈融资，这些问题必须想清楚，讲清楚。只说你需要钱是不够的，只说你有了钱能做到什么程度也是不够的，甚至只说你做成功了能有多少流水多少利润也是不够的，要为投资者想得更远一些。

不得不说，有些创业者抱有一种不良的态度，那就是创业一定要拿别人的钱，自己则一毛不拔。用别人的钱，做自己的事，就算失败了也没什么，反正自己获得了经验值，别人损失了钱就损失了因为投资总是有赔有赚的。这种拿别人的钱交学费，还交得心安理得的人，创业的路必将越走越窄。甚至在一开始，有经验的投资者就能发现这种苗头，根本不会去投资这种人。

不能让信任自己的人吃亏，是一种很好的创业态度。有些创业者很有江湖义气，从来不会让自己的合伙人和员工吃亏，但是却把该吃的亏都丢在了投资者头上。有些创业者，融资一到位就开始乱花钱，租高档写字楼，搞豪华装修，自己的办公室弄得比会议室还大，甚至买房买车买房车，全公司出去环球旅行。反正是投资者的钱，花着不心疼。因为他们是外人，所以按照亲疏远近，就只能牺牲他们的利益。这样的心态非常可怕。

也许对于你的投资机构来说，给你的这笔投资很小，是他们很多项目中不起眼儿的一个，确实不太重要，甚至你就是他们广种薄收中随便撒下的种子。但是对于你来说，这笔钱是你实现梦想的加速器，是你的唯一。努力做到最好，给投资者更大的回报，才是一个合格创业者应有的态度。

还有一点也是很重要的，就是投资者不是你的家长，他只是一个引路人的角色。就像游戏里面，那个一开始教你怎么玩，再给你一小袋金币的教学角色。有些创业者摆不正这个关系，认为人家投资他了就要对他负责，合伙人之间发生矛盾也要找投资者调解，产品销售不出去也要找投资者买单，钱花光了还想让投资者追加，甚至时不时找投资者闹点小脾气……这看上去不像是自立自强的创业者，而像是被包养。

尤其是女性创业者，遇到问题容易六神无主，会不自觉地倾向于寻找外部支持，因此更要注意避免这种心态。如果你一定要找一个“不在此山中”的外人为你指点迷津，那就去找一个顾问，不要把这个角色和投资者的角色合二为一。

# 第42课 对投资者也要做背景调查

投资者会对创业者做背景调查，这是一般人都知道的常识。而同时创业者也要慎重挑选投资者，不能夹到盘子里就是菜，给钱就嫁。因为一个投资者能带给你的，除了钱，还有很多附加的东西，而这些附加的东西，如果是正向的，就能够极大提升你公司的竞争力和品牌价值；但如果是负向的，则会影响到你下一轮融资。如果是投资者的人品有问题，你也可能会遇到商界都市传说中常见的狗血剧本：投资者将创始人踢出，霸占公司。

你可能会觉得投资者是出钱的，创业者是要钱的，一个买方一个卖方，还轮不到创业者去挑选投资者。但事实并非如此。被投资者挑选的创业者，通常很难拿到投资；而有资格挑选投资者的创业者，通常会有相当多的选择。投资，目的是要赚钱，所以资金总会向优质的创业者聚集。但不管在什么情况下，哪怕你只有一个潜在的投资者，都应该适当做一下背景调查。如果你有两个或两个以上的潜在投资者，更要好好做一下背景调查，不能只按照对方的出价去选择。有时候，少拿一点钱，换得的资源可能比他全部的投资价值更高。譬如你是一个互联网创业公司，投资方是个超大的互联网平台，只要对方承诺为你导入用户量，可能就相当于你每天免费拿到几十万甚至上百万的营销费用。这种情况下，就算对方出价低一点也是值得的。

如何对投资者进行背景调查呢？其实很简单，大部分投资者大小都是个名人，在互联网上很容易找到他们的各种资料，结合这些资料，再询问几个投资圈里的朋友，大概就能心中有数。如果还是不放心的话，可以想办法找到对方投资过的人，去他们那里了解一下，会获得很多第一手资料。

一定要警惕那些非主流、非专业的投资者。不到万不得已，不要拿他们的钱。譬如说一些低端产业的小业主，有个千万量级的钱，却没什么投资渠道，炒股怕有风险，炒房觉得时机不对，就也学人家的样子，摇身一变成了天使投资人。这种人手头的钱并不多，投给你的钱几乎就是他们的命根子，所以他们一定会深入地参与公司决策，甚至想要控制整个团队。这对于公司未来的发展全无好处，尤其到你下一次融资的时候，这就可能成为矛盾的爆发点。

还有一类投资者就是所谓的投资毒药，他投资的团队没有一个成功的，因此他作为天使投资过的公司，也没有其他的投资机构愿意接盘。“我们原则上不考虑某某投资的公司”，当你进行二轮融资的时候，听到这么一句话，就悔之晚矣了。这类投资者要么选择的投资方向过于边缘化或者过于超前，导致投资对象的表现都不佳，要么投资标准及投资流程过于奇葩。

还有一些投资人，有过所谓的黑历史。譬如因为种种原因坐过牢，或者桃色新闻闹得全国皆知，再或者有坑害创业者的前科，等等。根据前面说过的“远小人”原则，对这类投资者一定要抱着敬而远之的态度，就算是生死关口，也尽量不要拿他们的钱。女性创业者尤其要注意，因为性别的关系，女性在商场上更容易成为潜在的侵害对象，避免被侵害的最好方式，就是让自己远离危险境地。“千金之子坐不垂堂，百金之子不骑衡，圣主不乘危而侥幸。”创业者肩负着自己的梦想，肩负着合伙人的信任，肩负着员工的衣食。虽然谈不上是圣主，但至少也是千金之子了，所以更要谨慎再谨慎。

除了上述几类投资者，其余大概都是主流的、正常的投资者了。看看他们过往的投资经历，观察他们跟创业者的关系，再了解一下他们的投资理念，如果相合，那就可以考虑合作。在和投资者接触的过程中，双方也会有进一步的了解，如果气场相合、观点相近那是最好的，在未来的合作过程中也会更顺畅。

# 第 43 课　BP 的致命错误

BP（Business Plan）即商业计划书，是创业者为了融资而编辑整理的，展示公司和项目目前状况、未来发展潜力的书面材料。简单说，就是创业公司的简历。

有关怎么写 BP 的文章，网上满坑满谷到处都是，任何一本关于创业的书中也都有单独的章节介绍，这里就不再重复了，只读一些大家容易忽略的小细节。

首先，BP 格式最好是 PPT，就算不是 PPT 也最好是可以编辑的格式，这一点很重要。因为投资方可能需要对投来的 BP 进行整理汇总，如果你 BP 上的信息可以让我很容易地用 Ctrl + C 和 Ctrl + V 贴到我需要的表格里，我会对你好感度大增，而如果你让我在两个窗口之间切来切去地打字，我会觉得很不方便。同理，有时候投资机构在开会的时候，需要把你的 BP 打出来，如果你的 BP 规格比例很适合打印，能让我一键完成操作，也会给我很好的心理感受。

大部分有关 BP 的文章都会强调 BP 不要太长，20 页以内即可。但是还是会有很多创业者认为这么短的篇幅说不清楚。我只能说，如果你认为你的项目无法用十几页 PPT 说清楚，一定是你哪里出了问题。要么就是塞了太多你认为重要而投资者根本不想看的内容，要么就是你根本没有理清楚你的思路，要不然就是你的逻辑能力或者归纳能力有一些欠缺。与之伴生的一个问题就是，你一定要压缩图片，控制 BP 的文件大小，作为邮件附件发送的话，10M 以内最好，20M 以内也可以，30M 以上你可能就要考虑调整了。过大的 BP 不便于转发，也会为投资者的内部流程带来麻烦。

其次，一定要说清楚你是谁，这是一个非常重要而基本的问题，但是很多创业者却没有做好。在 BP 中写清楚你和你的合伙人的名字，一定要是中华人民共和国公民身份证上的名字，不是从 Mary 到 Sunny 和 Ivory 这种夜场式的洋名，也不是小 P、老 K、赵日天等 QQ 空间式的中二名字。这是最起码的专业素质和对人的尊重，也能代表你的坦荡。如果你的颜值不至于归入奇丑无比的那一类，最好能加上照片，可以是充满朝气的团队合影，也可以是每个人的职业照。照片的好处在于可以让人对你加深印象，尤其是女性创业者，在文案中写明“性别：女”可能有点突兀，只要一张照片就可以说明一切。还是前面说的那个原则，创业者当中，女性毕竟是少数，让人知道你是女性，就更容易让人记住你。有照片的 BP

会给人以坦荡的感觉，容易让人感受到亲和力。照片的另一个积极意义就是当双方见面的时候，能够让人一下子认出你来。

有关“说清楚你是谁”，还有另一个层面的内容，就是要说清楚你所创立的这家公司的名字，以及现在所处的阶段。核名通过注册中？已经注册完成？尚未注册？另外你的产品也要有一个响亮的名字。不要让投资者在内部讨论的时候，总是没有办法统一对你的公司和产品的称呼。此外，最最重要的一点，就是你要在 BP 的第一页和最后一页都再度写清楚所有这些信息，你公司的名字，你的名字，公司地址，你的联系方式，等等，如果可能的话，每一页的页眉或页脚也有公司名字就更好了。最令我不能接受的一种情况就是，很艰难地打开了一个明显过大的 BP，慢慢刷了几十页终于翻到了最后一页，但是上面除了一个大大的 Thanks 之外，没有任何其他信息，我又得强忍着慢慢翻回第一页，却看到只有一个 QQ 邮箱，我又要到中间某页去寻找你的名字。这时候我除了想摔鼠标，别无其他想法。你是卖东西的，我是买东西的，能不能好好地让我一键下单？而且这可是一笔大单啊！

还有一点很重要，那就是 BP 要美，颜值要高。大多数女性都是爱美的，而且都有点小小的处女座情节。所以女性创业者的 BP，通常在美观程度和细致程度上都不会有太大问题。BP 好看，说明创业者的审美能力过关，能够创造出高颜值的产品；BP 细节精致，完成度高，说明创业者有精益求精的工匠精神，产品一定也会很精致。在创业初期一无所有的情况下，投资者只能凭借 BP 去想象你的产品和公司。所以，你的 BP 所能达到的高度，就是你的公司在投资者心目中想象的高度。花十几块钱在网上买个漂亮的模板，多花点时间搜一些美观的高清图片，将是你花的最有意义的钱，做的最有意义的事，毕竟要靠它们的颜值融到几百上千万的资金。

最后再提醒一点，那就是寄给投资者看的 BP 和用来在会议上演示的 BP 不应该是一模一样的文件。通过邮件或者其他方式传递出去的 BP，文件不能太大，页数不能太多，每一张图、每一个文字都要推敲得无懈可击。要让 BP 适合安静地观看，反复地观看，就一定要把细节做到尽善尽美。不需要加动画、翻页效果、音乐、视频等华而不实的东西，简单清爽就是最好。而用来路演的 BP，则一定要能抓人眼球，文案和图片讲究语不惊人死不休，一定要让台下低头玩手机的人抬起头来看才行。页面的设计风格要力求高大上，要有大片的感觉。动画、翻页效果、音乐、视频等都可以有，这样才能产生最佳的演讲效果。

## 第44课 融资100—10—1法则

很多初次创业者会觉得融资很难，无从下手。其实融资并没有想象的那么难，你只要换位思考一下，就能想通很多事情。

投资者也是有压力的，募集来的资金肯定要投出去，还要有收益，而寻求资金的项目那么多，投谁不投谁呢？从浩如烟海的项目中筛选出值得投资的项目，可以说是个苦差事，有点像筛沙子的淘金者。所有投资者都会画几个框框，以便迅速筛掉一大批沙子。这个框框有可能是投资方向，如去年重点看手机游戏，今年重点看二次元项目；更常见的是投资额度和投资阶段，低于多少钱的不投，或者高于多少钱的不投；还有的人只看朋友介绍来的项目，扬言我的朋友遍天下，如果你有能力有人脉，怎么可能连我任意一个朋友都不认识？如果你的项目在框框之外，获得投资的可能性就微乎其微，不过没关系，这种框框会不断调整，半年后可以再来试试。

如果你的项目在框框之内，接下来需要做的就是取得投资人的信任。如何取得投资人的信任呢？

除了团队实力、项目方向等硬指标之外，软实力也很重要。

你首先要看起来像个成功人士。一脸学生气的傻白甜也有拿到投资的案例，但那是小概率事件。看上去像个房地产推销员或保险经纪人，会让人觉得你根本没见过超过一百万的钱，更别说赚大钱了。服饰和气质看上去像个上市公司高管的样子，是个加分项。配上得体的谈吐和自信的眼神，简直就是成功人士的模板。

在这方面，女性创业者无疑是能占到一点小便宜的，正如古龙所说，江湖上有三种人不能惹，和尚、小孩和女人。因为江湖险恶，这三种人在江湖中的比例本来就比较低。正因为如此，这三种人如果敢于闯荡江湖，那一定非等闲之辈，不是背后势力大，就是自身武功高，你很难惹得起。同理，创业者当中，女性还是占少数，这就会让人觉得，只要是敢于创业的女性，一定很有实力，也更有创业决心。这在投资者眼中，无疑又是天生的加分项。

要想取得投资者的信任，接下来要做的就是与之频繁接触。投资方面有所谓“一公里法则”，投资者总会倾向于投资离自己比较近的创业者。地域的接近可以给人以安全感和可控感，同时也为两者频繁接触创造了条件。正所谓日久生情，一个初见时印象平平的团队和项目，多次接触下来，会展现出更多的闪光点，让投资者对其产生感情。这种感情有可能会推动投资决策，反正钱是要投出去的，投给谁不是投呢？就算是这个投资者并没有投资你，你给他留下的美好印象，也能让他乐于把你介绍给其他人。

为进一步与投资者加强联结，可以适当的节奏不断向他通报你项目的进展。譬如产品原型出炉，邀请他进行内部测试；或者召开发布会，邀请他来做嘉宾。这就像是游戏当中的打怪积累经验值，一旦积累到一定程度，量变就会引爆质变。即使他这一次不投，说不定下一轮会投，就算是始终不会投，和一个投资者保持密切联系和亲切友好的气氛，总没有什么坏处。毕竟走上了创业这条路，不可避免要跟各种投资者打交道。

从本质上讲，融资就是一项工程，和盖房子没有什么区别，只要一砖一瓦坚持盖下去，总有一天能够成功。因此，融资有个“100—10—1”法则，也就是你发出100份BP，至少会有10个投资者和你深入接触，最终你至少会获得1个投资意向。当然，这个投资意向也许和你当初期望中的条件有一些差距，或者投资者并不是你理想中的那一类，但毕竟，你找到了投资。这个法则在很多创业者身上都得到过验证，甚至绝大多数有一定竞争力的创业者根本不需要发出100份BP那么多。如果你现在还在为融资苦恼，你可以盘点一下自己在融资方面到底做了什么，做得够不够多，有时候并不是钱不好融，而是你不够努力。

这个“100—10—1”法则在实际操作中，还要注意两个要点。首先，发出100份BP并不是让你去网上买一份投资者名录，或者群发一个邮件就可以了。在保证BP质量完美的前提下，你至少要对投资者做一个筛选，比如人家是做PE（Private Equity，私募股权投资）的，不投早期，你要筛掉；人家不投你这个行业领域，你要筛掉。每发出一份BP，至少要用1小时以上的工作时间去研究这家投资者，这样才能保证你发出的BP是有效果的。

其次，100份BP的分发节奏要控制得十分紧凑，不能一星期发两份，而是至少要保持一天三四份以上的节奏。加上和投资者见面会谈的时间，你要有大约三个月地狱一般的融资节奏。某个游戏行业的创业者，曾经背着双肩背包，带着电脑，一个月不回家，奔波于全国各地的各种投融资会议之间，和各种投资者面谈。他的产品并不出色，但是他的公司已经坚持了近十年，全靠他这种坚韧不拔的毅力。

总之，要想得到投资者的青睐，首先就要获得对方的信任，而信任一方面来自于你有一颗真诚的心，更重要的则是你具备真正的实力和付出了全部的努力。

# 第 45 课　不要害怕被拒绝

上面谈到的“100—10—1”法则其实只说了第一部分，就是发出 100 个 BP 的部分。这里继续说说第二部分，即有关 10 的部分。也就是说，如果有人表示出投资意向，愿意进一步接触，我们应该怎么去谈，才能得到一个满意的结果。

最值得注意的是你给自己的定价要坚持始终，不要变来变去。尤其忌讳那种一旦投资者表现出浓厚的兴趣，立刻坐地起价，吊起来卖，之前的估值、出让比例、融资额度全部作废，但又没有支撑这种改变的条件，比如说产品已经上线，或者签了一个重磅的合作伙伴等。

当然也不要一开始要高价，而看到融资形势不好后自己开始降价。人们的投资心理总是买涨不买跌，你只要一开始降价，基本上就意味着你的项目前景堪忧。没有人愿意投资一个自降身价的项目，因为这代表创业者自己都对这个项目失去了自信。

那么如何定价呢？这又是摆在初次创业者面前的一座大山。其实定价很简单，多跑跑会，多看看和自己团队、项目相似的创业者的定价，大概就能心中有数了。然后再找一些有投融资经验的朋友帮自己看一下 BP，对价格提出一些建议，就更能找到客观的定价标准了。甚至你只要简单地把朋友的意见平均起来，再和自己心目中的理想价格做个平均，基本上就能形成自己的定价。

每当遇到一个和你深入接触最后又放弃投资的投资者的时候，你要发挥一下死缠烂打的精神，请他对你的项目提提建议。其他的建议都是仁者见仁智者见智的，你听听就好了，但是对于价格的建议，一定要重视！因为价格这种东西比较客观，在投融资市场上，什么阶段的产品会有什么样的价格，基本上都在一个不太大且大家认可的范围内，如果你的叫价在这个范围之外，你获得投资的可能性就会大大降低。

天下武功，唯快不败。创业更是一个与时间赛跑的行动。融资也是一样，要快！和投资者约见面千万不要拖延，如果可能的话，放下电话就去订机票，订最早到达的机票，争取速战速决。大部分投资者尤其是著名投资人，时间安排得都很紧，你放弃了一个见面机会，就有可能会再等上很久，甚至可能把一个潜在的融资机会拖黄了。为了节省投资者的时间，你可以在任何地方和投资者见面，酒店、机场，甚至交通工具上。如果投资者来你所在的城市和你见面，你最好的处理方式就是全程为他担任司机。在汽车这种密闭狭小的空间内，人与人更容易建立起亲密关系。而且你载着对方办事，可能会涉及他的一些私人事务，无形中又让你们更加熟悉。

谈到融资的具体条件时，也要秉持“快”的原则，基本的价格条件不还价，不更改，一些外围的附加条件可以商量。这方面一定要坚决，不要为了谈成这一笔投资而答应投资者的各种不合理条件。会这样压价的投资者不是优质的投资者，这样拿来的投资也不会是个好投资。

还有很重要的一点就是，要给对方设定一个时间期限。有些创业者很惧怕被投资者拒绝，因此不敢去催促投资者尽快推动这件事情，觉得对方既然没有明确表示不投资，那就是还有希望，可以再等等看。这种患得患失是人之常情，但绝对不是正确的融资态度。正确的融资态度就是，明确告知对方：“请尽快做出决定，是推进到下一步，还是拒绝?”要跟对方明确一个时间点，时间点一到，就要主动联系对方，请对方告知你结果。但是千万不要造成这样的假象：我还有很多投资正在谈，有人追着要给我投资，我比较看好你们，所以你们必须在某某时间之前做出决定，否则我就接受其他投资了。这种施加压力的方式近乎绑架，会给人非常不好的感觉，投资者大多阅人无数，会看不穿你这种小算盘？不要为你的“快”寻找任何理由，我就是要快，我急着在创业路上奔跑，没有太多时间停下来等你做决定，我需要的是能和我一道奔跑的投资者。

付出十分的努力去寻找投资，并且以高效率去推动。只要肯付出，肯坚持，投资其实并没有你想象的那么难找。

# 第六部分

# 绕开女性的创业陷阱——女性创业“常见病”

女性和男性在心理特征和生理特征上都有很大区别，尽管有很多极端女权人士不承认这一点。这种区别造就了原始社会男女分工的不同，也造就了在当今社会，有些工作特别适合女性，而有些工作特别适合男性。按照男女的性别特征进行社会分工，并不是一种歧视，而是将人力资源发挥到极致的一种最优解决方案。

具体到创业这件事，其实男女并没有什么区别，创业是一项复杂的工程，其中某些环节特别适合女性，而某些环节特别适合男性，综合下来，两者的区别不大。目前我并没有找到权威的统计资料证明男女创业者成功率的差异。就我个人的观察而言，在我的周围，反而是女性创业者的成功率更高一些。当然这也说明不了什么，因为女性创业者毕竟偏少，很多女性创业者迈出这一步都经过了深思熟虑，准备得更加充分，因此成功率会更高。而男性创业者中，冲动创业的比例会比女性更大一些。

具体到创业、经营公司的各个环节，女性也有很多和男性不同的表现，这是由女性的心理特征决定的。换句话说，女性有一些普遍的心理特征，相比较男性，是不利于创业的。我们现在就要一一找出这些问题，认真分析，并给出解决方案。

# 第 46 课　你有圣母病吗

我的那些走在创业路上的闺蜜们，不止一个人问过我这样的问题："我公司的某某某真的很让我困扰，我应该怎么办?"接下来便是长时间的倾诉甚至控诉，内容全部都是关于这个人怎么不好。

我有时候会耐着性子听完，有时候会直接打断："为什么不开掉他?"

"可是……"

这时候总是会有这样一个转折，然后是只需要一句话便可以说完的原因。

"可是他是我的创始合伙人啊。"

"可是我觉得我有义务带领他和公司一起成长。"

"可是他在我这里好几年了，我不忍心赶他走。"

"可是他前两年为公司立下过汗马功劳。"

"可是……"

我只能说：亲爱的，你有病了，张嘴吃药吧！

很多遭受家暴但是又不肯离婚的女性，总是会说这样一句话："他不打我的时候对我还是挺好的。"这就是圣母病的典型症状。

世界上没有绝对的好人和绝对的恶人，任何人都有缺点也有优点。如果一个人的缺点让你能说上20分钟，而优点只能让你说上两分钟，这个人对你的公司来说毫无意义，你应该果断地把他清除出去。如果你的丈夫在一天中的23小时对你都挺好，但每天都要打你1小时，你不离婚还等什么？等着被打死吗？

判断一个人能不能继续留在公司，标准只有一个，那就是他对公司的正面作用是否大于负面作用，如果答案是否定的，这个人必须离开。如果答案是肯定的，也要再细致分析一下，他对公司的正面作用减去负面作用是否和他的薪资相匹配，如果差距太大，也要考虑让他离开。再有就是虽然这个人的正面作用大于负面作用，但如果他的负面作用是致命的，那也必须离开。比如如果这个人有贪污、挑拨是非、出卖公司机密等对公司有重大危害的行为，无论他对公司的贡献多大，能力多强，都应该被清除出去。

人们经常把"善良"这个美好品质过多地赋予女性，但是"善良"只要稍微出现一点偏差，就会成为"软弱"和"优柔寡断"。分析一下团队中这个让你深感头痛的人，有可能是你的圣母病让他变成了今天这个样子。他第一次出现不良行为的时候，你做了什么？是不是忍了？你并没有明确地告诉他："你这样做是不对的，我对你感到失望，我以后不希望看到你继续做出同样的事情，否则我会按照公司规定处理。"你容忍了他的小小试探，他就会变本加厉。你对他的宽容，不是对他好，而是害了他。

要想创业成功，千万不能有圣母病。你不会吃下腐败变质的食物，这样会损害你的健康，同理，你的公司也不应该包容有负面影响的人，这样也会损害公司的健康。你留下了恶人，就是对好人的犯罪。地铁口有两个人，一个是乞丐，一个是卖小商品的老人，你在老人那里买了五毛钱的皮筋，还讨价还价多要了一根，转头却给了乞丐五块钱，你这就是对一个自食其力的老人尊严的践踏。同样道理，你容忍那些能力低下，甚至对公司有负面作用的员工，就是在践踏那些兢兢业业努力工作的员工的尊严。这样的公司，肯定会劣币驱逐良币，逐渐走向衰落。

很多女性之所以在这一点上纠结，通常是对这个人，以及未来要发生的事还抱有幻想。如果开掉他，带来的问题是实实在在的，需要马上去应对。而不开掉他，反正一直以来都这样了，你一直在容忍，感觉还有空间继续容忍下去，幻想着万一他会变好呢？万一他会成长呢？万一他其实并不会对公司造成太大危害呢？丢掉这些幻想吧！归根结底这就是一种拖延症，就是懒惰。亡羊补牢，还是来得及的。

他是合伙人？没关系，股份保留，但不要在公司担任职务。

他走了这摊事没人干？再招人啊！难道你觉得先找好下家才离婚是合理的吗？当然要先离婚再开始新生活啊！况且并没有人阻止你现在就寻找他的替代者。

他在我这干了这么长时间，都有感情了，出去之后找不到合适的工作怎么办？醒醒吧！按照国家规定，给他足够的补偿，如果你愿意，可以帮他推荐一份工作，这已经是仁至义尽了。

他曾经为公司立下汗马功劳？那么你补偿他了吗？有没有发奖金？如果没有或者感觉给得不够，一并算在离职补偿金里面就好了，说不定他会很满意呢。

圣母病是女性创业第一大绝症，只要一犯病，肯定难成功。所以大家要时刻自检，千万不要犯这种毛病。

# 第 47 课　你有选择困难症吗

选择困难症是一种心理学意义上的疾病，很多人都有，但轻重程度不同。这种病也并不是女性独有的，但是据我观察，会把这种问题带到工作中的人当中，女性居多。

“公司的 LOGO 是蓝色的好还是黄色的好呢?”“蓝色的有大公司气派，还是蓝色吧!”“嗯……黄色的感觉活泼有朝气，还是黄色比较好……”“哎，黄色 LOGO 在浅色背景下不明显，不然还是蓝色吧!”“不对不对，黄色看上去更醒目一些，和公司的企业文化更搭……”

这就是典型的选择困难症症状，这种病症的病源是不自信，不敢做选择，怕自己的选择不符合大众的期待，怕被别人嘲笑。引申的病源是不敢承担责任，担心万一选错了怎么办，由于选错而导致的后果还要自己去解决。潜藏的病源是对自己不满意，不相信自己能够选择出一个最好的结果。总之，由选择困难症投射出来的心理特质，全部都是负面的，且都是创业中最致命的缺点。所以，预防并积极治疗选择困难症，会让你成为一个更强大的创业者。

针对选择困难症的药方有很多，不同的选择内容有不同的应对方式。

第一个药方是“交给别人”。此药方适合无伤大雅的事情或你不能完全控制的事情。

例如前面提到的关于公司LOGO颜色的问题，交给公司的设计人员或者团队中懂设计的合伙人去决定就好了，这样还可以赢得他们的好感。再比如公司名称，先别在一堆名字中犹豫不决，有可能核名下来，一个都通过不呢，所以只需简单排个优先级，报上去就好，让工商局决定吧。

适合这个药方的事情一定要小，而且无论选择哪个选项，都不会产生太大的负面结果。这种选择，你尽可以放心交给下属去做，一方面是一种放权，另一方面自己又卸下了选择困难的压力，何乐而不为？

第二个药方是“询问别人”，适合于你对需要选择的事情完全不懂但又必须亲自决策的情况。

药方中的“别人”一定要谨慎选择，他必须对你感到困扰的问题十分了解，是这方面的专家。选择这个“别人”的途径也有很多，他可以是你公司中精通这方面知识的人，也可以是你的亲戚朋友，还可以是行业内的专家。根据你问题的大小，以及你和对方的关系，可以是随便闲聊几句，也可以是付费请对方帮你制定一个完整方案。目前类似在行、分答等付费的咨询平台有很多，你可以很轻易地找到任何行业的专业人士帮你解决问题。

要想让问题得到快速解决，首先你必须要完整准确地向咨询对象说明你面临的问题，以及困扰你的选项。不要默认对方已知某些信息，也不要刻意隐瞒一些信息，一定要事无巨细全盘托出。这样才有可能得到更为准确的答案。

你可以多询问几个人，但也不要太多，在将所有人的意见都融会贯通之前，不要轻易做决策。一定要避免出现这种情况：问了一个人，匆匆下了个决定，下面刚要去执行，你又问了另外一个人，觉得这个人说得更有道理，于是马上修改自己的决定，再传达到下面。作为下属，没有人会喜欢这种朝令夕改的老板。一定要先咨询，再思考，最后决策，一旦决策，就不要轻易更改。

如果你咨询了几个人，他们的说法各不相同，怎么办？你可以把甲的观点说给乙听，询问乙对这个观点的看法。再把乙的观点说给甲听，看看甲怎么说。你听得越多，对这个问题的理解就越深，自然就能分辨谁的解决方案更适合你。

另外要注意的一点就是不要拖延。要事先为自己设定好最终决策时间，此前应尽可能迅速完成你的全部咨询工作。时间一到，不管你是不是还有想咨询的人，或者对方还没有给你答复，应该立刻叫停，根据对现有信息的综合判断，迅速做出决策。

第三个药方是“开会”。以开会的方式做决策，其实就是所谓的民主集中制，比较适合公司内部和业务以及项目有关的选择。

以开会协助决策，有两种方式，一种类似于“询问别人”，就是让大家畅所欲言发表看法，你消化吸收大家的意见，最后做出你的决定。这种情况下，你可以在会议上当场做出决定，也可以会后再做出决定，这取决于你选择困难症的严重程度，如果很严重，建议你当场决策，因为只要一拖延，你又无法决策了；如果不严重，可以第二天再决定，给自己一晚上的思考时间。

用开会的方式协助决策，与会人选很重要，一定要选择那些和这个问题相关的，有一定能力的，对你下结论有参考意义的人。贵精而不贵多。其次要做好准备工作，发送会议通知的时候，一定要讲清楚会议的主旨，让所有人了解今天的会议要讨论什么，以保证大家意见的精准。

以开会协助决策的另一种方式就是投票，很多选择困难症患者，很喜欢把投票作为灵丹妙药。的确，投票对于那些面向全体人群的选择，是有一定的参考意义和代表性的，例如你生产一款民用电子产品，它的外观设计、包装设计以及易用性设计等，都是面向所有潜在用户的，而你的公司成员也是潜在用户的组成部分。他们的投票，必然具有一定的代表性。如果是这种情况，参与投票的人越多越好，可以请公司里符合潜在用户特征的人员全部参与。

而有关公司更重大、更复杂的决策，则不适合投票的方式，例如你还是那家生产电子产品公司的 CEO，下一款产品是选择家用摄像头，还是电子扫地机？这样的决策就不适合投票。因为产品方向不仅和公司团队实力、技术水平相联系，更与整个产业环境、未来趋势、竞争对手以及销售渠道等无不相关，公司里的普通员工不可能全面掌握所有的信息，也不可能有那样的决策高度，这种大事，还要靠你自己拿主意。

作为创业者和会议组织者，不应该承诺把投票的结果作为唯一的最终结果。投票只是你的一种辅助选择手段，帮你筛选掉那些不靠谱的选项，所以，你应该将其中几个票数最高的选择项，作为要考虑的选项，再根据其他信息，自己做出最终决策。

# 第48课 你有妈妈综合征吗

女性拥有的母性光辉，经常被古今中外各种文学作品所赞颂，这也是女性的天性之一。但是母性存在于家庭、存在于社会都没有问题，存在于职场可能就有些问题了。像是幼儿园教师、医生护士这样的职业，母性爆棚不是一件坏事。但对于大多数竞争激烈、把女人当男人用的行业，通常不需要泛滥的母性。

对于女性创业者来说，对待员工体贴关心，像对待自己的孩子，固然称得上有爱心的好老板，但是应该仅限于福利方面，如果在公司其他层面，尤其是一些细节方面也母性泛滥，则会产生反效果。

我有一个闺蜜，在一家创业公司工作，老板是女性，他们的业务方向是女性的网络社区。闺蜜是业务骨干，老板很信任她，给她的薪水几乎比上一家公司高一倍。我清楚地记得她去那家公司时兴奋喜悦、跃跃欲试的样子。结果那份喜悦还没有持续半年，闺蜜便离职了。

“为什么要离职啊？”我问。

“她太像我妈了。”闺蜜回答。

那位女老板人近中年，在职场发展得很顺利，也是非常自信的一个人。公司因为做女性社区，所以女员工特别多，老板很喜欢用自己的价值观去教育这些年轻的后辈们。她们公司不大，租用了一个商住两用的办公空间，请了一位阿姨打扫卫生兼做饭。闺蜜是个大大咧咧的女汉子，每天中午吃饭的时候，总是很豪放地从电饭锅中铲起一勺饭盛进碗里，大口大口开吃。

“你这样是不对的呀！女孩子不要这样盛饭。”老板走过来示范，“要这样用饭勺把米饭翻松，翻均匀，盛到碗里才好吃。”

闺蜜也不能说什么，只能偷偷翻个白眼，低头闷声吃饭。

类似的事情还有很多，女老板会一直唠叨，“你梳这个发型不好看，昨天的那个发型比较好。”“你这身衣服不搭，显胖。”“哎呀！你不要那么整理文件，要这样……”“你不要喝外面的那种瓶装茶，都是化学品，自己沏茶多好。”“你这样嫁不出去的啦！”

每时每刻，闺蜜耳边都是这种唠叨。“简直跟我妈一模一样。”闺蜜长叹一声。

“像你妈不好吗？”我问。

“亲！我离家千里跑到北京工作，不就是为了躲开我妈吗？这倒好，又给自己找了个八小时全日制的妈。你说她管我穿什么衣服化什么妆干吗啊！我能给她干活不就完了？姐不伺候了，再多的钱也无法抚平姐心中的创伤。”

其实这位女老板的观点可能都对，而且想必也是出于好意。但是过于泛滥的母性跨越了私人领域的红线，侵犯了别人的隐私。因为她是老板，员工不能直接对抗，于是只能选择用脚投票，默默离开了。

我们每个人都和自己的妈妈有过矛盾，矛盾的焦点通常都是妈妈管得太多。“怎么还不起床？”“作业做完了吗？”“别一天到晚玩电脑（手机）！”“怎么这么懒，快帮着干点儿活。”“别整天在家待着，出去走动走动。”“这是去哪儿疯去了？就不能好好在家待着？”“都几点了，还不睡？”我们每个人的暑假，都是伴随着妈妈的这些话度过的吧？有谁会愿意工作之后还要在工作场合天天听呢？

妈妈综合征患者，多半是因为没有把公私分开，要记住员工只是你的雇员，你没有权利入侵他们的生活，他们可以选择任何不违反法律和公司规定的生活方式，只要他们喜欢。

很多女性创业者之所以会患上妈妈综合征，大体有两种原因，一种是没有把员工当成平等独立的人，认为我是老板我最大，你们什么都要听我的，这种心理要不得，一旦这种无上的权威感泛滥，公司必然走向一言堂，走向独裁，而这种独裁的公司，大多很难发展得太好，尤其是在文化产业和高科技产业。

另一种可能性则是这位女性创业者缺乏丰富的私生活，单身或者没有小孩，朋友也不太多，把事业当作了生活的全部，而那些想要关心人、爱护人的母性，就只能在工作场合得到宣泄了。

上面提到的妈妈综合征的表现相对比较严重，职场上更普遍的则是一些不太严重的症状。这些症状归结为一点就是“我怎么不知道”。基层员工在开小组会，你要去旁听；行政部组织员工活动，所有细节都要事先向你汇报；员工出差进行商务宴请，请了谁，吃了多少钱，在哪儿请的，对方都说了什么，你都要打听。公司里所有的事情，只要没有经过你点头，就推动不下去。如果有人事先没有经过你同意擅自推动了，你就会非常不高兴。这种管理方法，在十个人以下的小公司，可能问题还不大，一旦公司规模扩大，形成层级，这样的做法就会令中层很难做。如果你发现你的公司中层人员流动性偏大，就要及时进行自检，看看自己是否犯了妈妈综合征。

这种轻度症状的形成，像不像一个面对青春期孩子的母亲？孩子大了，有了自己的思想，再也不会事事依赖自己，和自己交心，母亲便会产生深深的失落感，这种失落感又会转变成控制欲，让她想要了解和干涉孩子的一切。我们每个人都是这么过来的，想想那个时候自己的心情，你应该可以理解员工对妈妈综合征老板的厌烦。

妈妈综合征的治疗其实非常简单，只有三条：管住嘴，“忽略”细节，关注结果。

管住嘴就是少说多听多看。当你想要对员工指手画脚之前，先要问自己一个问题，这是老板该说的话，还是妈妈该说的话？如果是后者，那就闭嘴。员工就是帮你分担工作的，如果他能把工作做好，你就不要去管他是怎么做的，先做了什么后做了什么，只要安静地等待结果就好。如果结果好，就进一步放手让他去做；如果结果不好，那就和他一起分析原因，找出改进的方法，而不是把你的方法灌输给他。做好一件事情，可能有无数种正确的方法，你掌握的那种未必是最好的，就算是最好的，它也可能只适合你，而不适合你的员工。所有这一切里面，管住嘴是最重要的，我们之所以和妈妈有矛盾，绝大多数情况下，只是因为妈妈太过唠叨而已。

# 第49课 你有一起上厕所综合征吗

女生为什么要一起上厕所？男生为什么会走着走着突然来一个投篮动作？这两条绝对可以列入人类两性两大未解之谜。

无论在校园里还是公司中，经常会看到女性三三两两相约上厕所的现象，哪怕厕所离工位只有三米远。其实她们在厕所中也并没有做什么，似乎交谈也不多，但就是这样相约一起去，再一起回到自己的工位上。网络上也有很多人对这一现象进行讨论，但是似乎始终没有一个这么做的女性站出来剖析一下自己的心理。

我个人是从来不会呼朋引伴一起上厕所的，但周围这样做的女性很多，我以我的心理学知识试着分析一下，可能的原因有以下几种：一种是惧怕寂寞，虽然只是短短几步路，她们也希望有人陪伴。另一种是不习惯一个人完成一件事，身边必须有人跟她一起做同样的事情，她才有安全感，这种女性应该也不会一个人逛街，甚至不太适应一个人独立工作。再有就是可能有人认为上厕所是一件不洁的、羞耻的事情，一个人去的话，被人看见会很尴尬，叫上同伴一起去就没问题，这就好比几个女生一起去游泳，会约好一起穿比基尼，如果其他人都穿连体式泳衣，只有一个人穿比基尼，这个人就会觉得尴尬。

最后一个理由是个社会心理问题，相对较为复杂。前两个都是个人心理问题，作为职业女性，有这样的问题无伤大雅，但是作为女性创业者，如果你害怕寂寞，如果你不习惯一个人完成一件事，这将是致命的。

创业就是一场寂寞的长跑，即使你有合伙人的支撑，这也是你的公司，你要为它负责，你是不可替代的。一个创业者，如果很多事情都依赖她的合伙人，那么她最可能有这样两种结局：其一是在某个时间点，她被合伙人取而代之；其二是由于她的不够独立，公司会发展得非常缓慢，甚至走向衰落。创业是一场以小博大、以一当百的战争，如果将军都不能或不敢孤身奋战，那么这场战争怎么可能会胜利？

我见过一个非常极端的一起上厕所的例子。那是一场关于品牌公关的规格比较高的行业会议，我被应邀在会议上演讲。这对于我来说是非常驾轻就熟而没有压力的事情，我只是按照组委会要求提交了 PPT，并不需要做什么准备就足以应付。

我刚讲完下台来，右侧的五六个座位呼啦啦突然坐满了人，有两个人打开了笔记本电脑，煞有介事地敲敲打打，其中一个看上去像小头目的女人低声吩咐：“PPT 再检查一遍，给他们更新一版，看看播放是否正常，再确认一下音响……对了！跟他们最后敲定一下时间，提前两分钟去休息室请某总。”话音未落，两个人迈着小碎步去了，这位小头目也打开笔记本，做出十分忙碌的样子。整个会场近一千人，都是全国品牌方面的精英，台上还有一位正在演讲，这几位的动静，不免让人侧目。

下一个要出场的，就是他们这伙人了，演讲者在他们公司两位人员的引导下进入大厅，后面还跟着个拎包的。主持人介绍演讲者身份，不过是某互联网公司的一个总监而已。此时台下便有了窸窸窣窣的声音，但是这伙人浑然不觉。两个人跑上台去，把主办方的电脑换成了他们自己的电脑，煞有介事地调整了一下话筒，这才下台把场地留给了演讲人。

然而，这场演讲是如此乏味，就是他们公司的广告加一些圈子里耳熟能详的老生常谈，PPT 做得中规中矩，没有动画，没有声音，没有视频，不知道他们为什么那么如临大敌地调试。难怪这家公司的品牌公关一直做得不好。

演讲是一个人能完成的事情，而且整场会议所有人都是一个人完成的，而你用一群人完成同样的事情，只能说明你和你的公司是无能的，而且对主办方并不尊重，或者你们在摆谱。与会的演讲者当中，公司更大、职位更高、在圈内德高望重的人有得是，人家都没摆谱，你一个总监摆什么谱？

在商业场合，出门带着一大群随从是非常招人厌烦的，除非你真的是达到了那个层级，或者年老体弱。就算是达到了很高层级的人，如果能轻车简从也会给人以亲民的印象，譬如华为老板任正非经常一个人拖着旅行箱出现在机场打车的队伍中被人拍到，这种低调而务实的形象被传为美谈。

作为初创公司的创业者，很多事情都需要你一个人去做，谈融资，谈合作，挖高层。初创公司的老板随时随地带个助理，会给人以浮夸的不良印象。如果对方身份地位比你高而没有带助理，则更是一种非常失礼的行为。一个不独立的创业者，没有人会相信她能带领公司走向辉煌。

这毛病怎么治？很简单，不招专职助理，不配司机，任何事情都强迫自己独立去做，就从一个人上厕所，一个人吃饭开始。最多一个月，养成习惯之后，就再也不用担心了。

# 第 50 课　避免情绪化的几种方法

绝大多数职场男性，提到女老板或者女上司，排名第一的负面印象就是情绪化。“没办法，每个月总有那么几天，你懂的！”“我猜大概是更年期提前了吧？”甚至有人因此深受伤害，扬言再也不在女老板手下工作。

然而，把这一切归咎于激素水平未免失之偏颇。这种现象还是由女性独有的思维方式和心理特征决定的。既然属于心理的范畴，那么我们通过自我心理调节就能一定程度上解决这个问题。

有人说，减肥是女性终生的事业，我要说，避免情绪化也是职场女性终生的事业。尤其是女性创业者，你在下属面前的每一次情绪化爆发，都会让你在下属心目中的分数全线降低，降低到一定程度，你的威信将荡然无存。不论你的业务能力有多强，一个无法控制好自己情绪的人，肯定也无法管理好公司。

避免情绪化是个漫长的过程，随着年龄的增长，你可以发现，这个过程会越来越容易。那是因为你经历的事情越多，对于处理类似的事情就越有经验，就越不会产生情绪波动，所谓处变不惊，必然是多次面临变故的经验积累。对于第一次创业的女性创业者来说，过去的职场和未来的职场是截然不同的两个世界。在创业过程中，你会遇到大量闻所未闻的新问题，这些新问题可能会让你感到慌张、沮丧、绝望以及束手无策。而情绪化的病毒，就会在这个时候悄悄繁衍，最终甚至可能引发灾难。所以，避免情绪化对于刚开始创业的女性创业者尤为重要。

情绪化产生的原因是多方面的。

面对一项工作挑战，男性可能会更理性一点，见招拆招，针对每一个问题寻求解决方案。而女性则可能会更感性一点，面对问题，她会去想，“这个问题是因为什么造成的？是谁造成的？”“如果当初不那样做，现在就不会出这样的问题。”“现在要是有什么什么就好了，这个问题就能够解决。”这些想法对解决问题有帮助吗？并没有。想这些只能令自己产生怨气，怨气积累多了，就会变作负面情绪爆发出来。这时候最好什么都别想，先解决问题再说，如果真要分析前因后果，也要等问题解决之后，开香槟庆祝的时候再分析。就好比你家里着了火，你的第一反应一定是先救火，至于火是怎么烧起来的，谁的责任，都要等火被扑灭了以后再说。

女性比男性更敏感，这是大家公认的。敏感用在正途上，是个优点，但是用在了不恰当的地方，则是灾难。有的女老板过于敏感，总是在琢磨别人对她的看法。譬如在走廊里遇到了公司的技术总监，女老板点头微笑打招呼，而技术总监却视而不见走了过去。这样的情景很常见，大部分人根本不把它当回事，会想“他在想事情”或者“他眼睛近视”等。但是，少数女性却开始浮想联翩，“他是不是看不起我？”“他对公司有什么不满吗？”“是不是因为上次高管会我点名批评了技术部进度太慢？”“他是不是要离职？”这些话，没有一句可以问出口，但又会一直在心里打转，负面情绪就这样开始滋生，甚至一整天都情绪低落。这时候，最好的处理方式就是毫不在意，或者开诚布公直接说出来，你会发现大多数情况并没有你想象的复杂。

永远不要在下属面前流泪，永远不要在下属面前表现出慌张无措，这两种表现都会成为你一生抹不去的永远的八卦。只要有一个人看到了，十分钟之内就会传遍整个公司，每一个新员工进来，不出试用期就会听到“女老板哭着从会议室跑出去了”的故事。无论你表现得如何精明干练，员工总能从这个八卦中看到你盔甲下面的柔软，员工对你的信任和尊敬都会随之降低，而且很难弥补。

发怒也是一种不良情绪，即使发怒也要就事论事，不要扩大打击面，不要变成情绪的宣泄。本来你是发火批评人，被批评的人也有该批评的地方，甚至你的批评让其他人觉得大快人心，而一旦你加入了情绪的发泄，事情就会走向反面，不但被批评的对象无法接受，旁观者也会对你不满。譬如你在批评人的同时加入了人身攻击的内容；批评别人的同时自怜自伤；或者从批评一个人，扩大到批评所有人，把陈芝麻烂谷子的旧账都翻出来数落一遍；再或者把批评变成了长达数小时的“痛说革命家史”，这都会让每个人不胜其烦。发怒之前，要想想发怒的目的是什么，发给谁，给谁看，希望达到什么效果。发怒是一门艺术，是写好了剧本的演出，而不是跟着情绪走，不受控制的发泄。

一旦在公开场合情绪无法控制，不可避免地要哭泣、要发怒怎么办？最好的方式就是在情绪爆发之前离开。我们在饿得不行之前会进食，在困得不行之前会睡觉，这些身体感觉都是可以预测的，同样，只要我们稍加留意，也能够很容易预测自己情绪爆发的底线在哪儿，在快到底线之前，一定要叫停，让自己离开这个会让自己情绪爆发的环境。但是，离开之前，一定要把该交代的交代清楚，不要突然离开，让所有人感到莫名其妙。“我身体有些不舒服，会议暂时中断，什么时候再开，我会另行通知。”或者是“抱歉，我5点钟有一个重要的约会，我们今天先到这里，大家回去都好好想一想，我们改天再讨论。”这样的交代合情合理，甚至粗疏的人根本不会发现你即将面临情绪爆发。

还有一种情况，就是你会莫名的烦躁，莫名地看谁都不顺眼，莫名的处于情绪爆发的边缘。这时候，请闭上眼睛，深呼吸，仔细理一理自己之所以会这样的原因。如果是个人原因或者家庭原因，那么告诉自己，这里是职场，你是老板，不应该把工作之外的情绪带到这里来，然后安排自己做一些需要一个人处理的、难度不大的工作，很快就能把情绪调整过来。

如果是工作上的事情给你造成了困扰，要分析一下是谁？什么事？你现在能做一些对解决这件事有帮助的事吗？如果有，马上去做，你会发现，一旦你做了这件事，不管对事情有没有帮助，你的情绪就会平复下来。譬如你一直在困扰某个高管要离职，而你找不到替代的人，这时候你马上给几个熟悉的猎头打个电话，就会给自己一种心理安慰：“我在积极解决这件事，所以这件事很快就能得到解决。”这时候，情绪自然就能平复。如果你暂时对这件困扰你的事情无能为力，做任何事情都没有帮助，例如，你在等待一个上级主管部门的批复，或者你的投资因为某种不可抗力要推迟到账，你可以把这件事写下来：某某事情让我很困扰，某月某日才能看到结果。然后在你的行事历上的那一天做一下标注，告诉自己，这件事你已经处理完了。你会感觉到轻松很多，情绪也没有那么糟糕了。

也许，有时候即使真没有什么特定的事情困扰你，你也依然感觉情绪不佳，整个人要爆炸，或者整个人被掏空，那是因为你的压力太大了。马上收拾东西离开公司，做个美容，吃顿大餐，怎样都好，让自己放松一下，第二天一切都会烟消云散。

# 第 51 课　你是一个“事儿妈”吗

除了情绪化，女老板的另一个常见的恶名是“事儿妈”。“事儿妈”不同于“妈妈综合征”。“妈妈综合征”是一种母性扩大化的表现，把应该放在私生活中的母性不恰当地放在了职场中。而“事儿妈”则是一句北方方言，是纯贬义的，指的是那些事情非常多，觉得这也不对，那也不对，对什么都不满意，很难伺候的人。也有“事儿爹”的说法，但是不如“事儿妈”普遍，可见有这种毛病的人，以女性居多。

如果说职场中的人们还可以在一定程度上忍受女老板和女上司的情绪化的话，那么能忍受“事儿妈”的人就寥寥无几了。

女老板的“事儿妈”主要表现在以下几个方面。

首先是任何细微的事情她都要过问，都不满意。“哎呀，怎么订这牌子的水啊，‘3·15’晚会说过了，这个水不合格!”“这是谁买的复印纸啊，天天卡纸，真难用。”“不让你们在这家餐馆订餐，你们就是不听，看吧，这都一点半了，还没到呢！”诸如此类。

“事儿妈”的另一种表现就是一次不说清楚要求，让你反反复复推翻重做。譬如说，她让你去制定活动方案，你做好了。她告诉你预算不要超过10万元，你按照10万元预算改了。她又嫌弃风格不够高大上，你好不容把风格弄得高大上了，她又说你租的酒店不好。你把酒店档次提升了，她又说空间太小，恐怕不够。你告诉她以目前的预算只能这样，她又说如果方案特别好预算可以提高，关键是要有新意，让人眼前一亮。这时候，再有涵养的人估计也要撂挑子了。

我就曾经遇到过一位女老板，她是我所在公司母公司的副总，一位典型的“事儿妈”。有一年中秋节，我按照惯例给分公司员工准备中秋月饼，她说：“目前公司遇到了重大财务问题，能省则省，今年母公司不发月饼了，你们最好也不要发，不然母公司这边的员工会有意见。”

我个人很不以为然，给每个员工发一盒100多块钱的月饼总不至于把公司弄倒闭了吧？但是她既然特别提出了，我也不好说什么，就答应了下来。结果中秋节当天下午，所有人都收到了她发的邮件，标题是“庆中秋，我们昨天去吃了‘大月饼’”，内容图文并茂，是总公司全体员工去比萨店聚餐的现场报道。

我顿时气不打一处来，跑去问她："不是说不发月饼吗？你们怎么又去聚餐？"

她说："中秋节总要庆祝一下，不然员工会觉得公司不够有人情味儿，而且吃比萨人均花费比发月饼便宜，你也可以聚餐啊……"

"事儿妈"的成因多种多样。一方面是这个人根本没有成熟的想法，想起一出是一出，所以每次发出的指令都不同，而且都只涵盖一个点，没有从全局的角度上去考虑问题。她认为，一定有一个又快又好又省钱的解决方案，虽然她自己不知道这个方案是什么，但是她有拥有这个方案的梦想，她需要下属帮她去找到这个方案，如果找不到就认为是下属不够努力。

另一方面，就是有一种"哀家病"，自以为当了老板，就可以对员工颐指气使，员工就要无条件地满足自己的各种要求，对任何事情都要求做到自己满意为止。不能忍受任何缺点和瑕疵，一切都要尽善尽美。或者并不是要完美，只是想要通过发表意见证明自己的存在及存在的价值，时刻提醒下属，"要想清楚谁是你们的老大！"在这种人看来，对下属的工作表示满意，是一件很没面子的事，这其实是一种不自信的表现。

虽然上面举的这些例子比较极端，但在实际职场中，女性中高层管理者的确或多或少都有"事儿妈"的表现，这也是由女性的性格特质决定的，女性更容易被一些小事吸引，而忽略了大事和大势。所以我们必须时时提醒自己千万不要成为“事儿妈”。

一定要抓大放小。作为公司创始人，你应该是抬头看路的那一个，而不是埋头拉车的那一个，埋头拉车的应该是你的合伙人和你的骨干员工。你更不应该既不埋头拉车，也不抬头看路，只是专注车身是否好看，车轮是否需要保养。如果一件事不重要，或者暂时不重要，对公司稳定和发展没有决定性影响，你都应该放手让属下去做，不要过问。

大多数创业者都很自信，他们总是认为如果复制100个、1000个自己，组成一个公司，一定非常有竞争力。先不管这种思路是否正确，现实是，你公司里的员工都是你的雇员，他们薪水比你低很多，能力肯定应该不如你，如果他们能力跟你一样强，他们也可以自己去创业，何苦在你这里打工？你任何时候都应该正视这一点，这些能力不如你的人，不可能做出让你100%满意的事情，就算你自己做事情，也不一定会让你自己100%满意。所以，要在适当的节点，承认这件事的完成和完满，不要为了追求1%的更好，花费巨大的代价，还要让员工不满。

不做“事儿妈”，首先从学会闭嘴开始。不要觉得不满意马上就说，先考虑一下，这件事是否值得改进，如果不值得在上面花费成本，那就什么都不要说，如果值得改进，也先闭嘴，通盘考虑一下，都有哪些地方需要改进，不要想起一句就说一句。再算算这些改进需要多少钱，多少时间，下属的能力能否驾驭，先改什么，后改什么，哪些地方如果太困难或太复杂可以先不改，整理出一个小方案来再说。有可能经过这样一个思路整理的过程，你的专业度和思维高度就体现出来了，下属也会更乐于按照你的要求做事。

# 第 52 课　如何清晰而有条理地表达

“我不知道她到底想要什么？”很多人面对女老板的困惑，都能归纳为这样一句话。不知道她想要什么，反过来说，就是她没有说清楚她想要什么。这又是女性创业者容易犯的一个毛病。

不知道想要什么，有可能就是没想好自己想要什么。如果你自己都没想好就让属下去做，寄希望于下属是自己肚子里的蛔虫，刚好找到了你自己都没有找到的那个点，这未免太异想天开了。想要什么，一定要想好。就算没有办法想清楚想要的结果的全貌，也要把最重点的几条想出来。不仅要想出来，还要写出来，不仅要写出来，还要排排序。如果想要的不止一条，还要做个分组。第一组是绝对必要的，一定要有，没有它不行；第二组是最好要有的，如果没有，一定要有有说服力的理由，譬如预算不够，外部支持不能满足，技术上无法实现等；第三组是建议要有的，如果能在满足第

一、第二组需求的同时顺便满足第三组需求，那是最为理想的，如果不能满足也无所谓，不需要解释原因。

想好了自己要表达的内容，下一步就是传达了。书面传达总比口头传达更有效。因为书面传达落实到纸面的过程，其实是你又一次整理思路的过程，让你进一步明确自己到底想要什么，以及理清楚更多细节。

口头传达的一个弊端就是不准确，你向甲口头传达一件事，再向乙口头传达同一件事，同时分别录音，然后对照一下，你会发现总会有内容上的差别。你再让甲乙两人分别复述一下你的传达，你就会拥有四个版本，而且后两个版本和前两个版本会有很大不同，甚至天差地远。因为在听取另一个人的口头描述的时候，人们都会对听到的信息进行分析归纳整理，有些人还会不自觉地摒弃和自己观点不同的部分，放大和自己观点相同的部分，甚至把和自己观点相近的部分修剪为和自己观点一致。这样一来，信息失真就在所难免了。

了解了这个道理，我们就可以知道，在必须口头传达的场合，传达完毕之后，一定要补一句："我讲清楚了没有？""我不知道我是不是说清楚了？"如果有必要，还可以请对方复述一下要点，以避免口头传播中出现偏差。

书面传达的好处除了准确以外，还有可重复性。无论过去了多长时间，只要找出当时的书面传达，就可以获知全部内容。这可以避免很多争执和争议。口头传达一旦发生争议，难免会陷入“你就是这么说的”“我不是这么说的”这种死循环，而白纸黑字则可以避免这种争议的发生。

书面传达也会很容易从一个人传达到另一个人，无论这个链条有多长，也不会失真，而且非常简单，只是动动鼠标转发一下而已。很多拓展训练中都会有类似传话的项目，我们可以从中了解，口头信息从一个人传递到另一个人，环节多了之后，差之毫厘谬以千里的状况。

在发送书面传达的时候，有一个原则是很必要的，那就是一次性传达给所有应该知道的人，不要经过中间环节。这种传达可以很好地画出圈层，告诉每个人你是这个项目中的人，也可以让每个人知道，这件事和谁有关，可以从谁那里获得支持。同时也可以避免中间环节的失真，譬如有些人在向下级进行二次传达的时候使用了口头传达，或者是虽然依然使用书面传达，但是删除了某些信息，等等。

对于创业者来说，让基层人员直接面对你的传达也是有好处的，这样可以通过书面传达，在公司建立一种网状的类似于毛细血管系统的传达通道，让你和公司每一个最基层的模块建立联系，这对于初创阶段的公司非常重要。

## 第53课 你有助理依赖症吗

这里所说的助理依赖症，并不是说你在依赖你的助理，助理只是一个指代，他可以是任何人。你依赖这个人，把他作为你公司上情下达和下情上传的通道，而且是唯一的，这就很危险。我们可以把这个人称为“九千岁”，或许你认为并不是，他只是个助理或者其他很低的职位，但这和职位无关，有这么一个人在，你的视听就会闭塞，你就无法了解公司真实的状况，而公司员工也无法了解真实的你。

我见过一家创业公司，公司不大，只有几十个人，分为两个空间办公，创始人在其中一个比较小的空间，里面是他直接领导的市场商务团队；另外一个比较大的空间是产品、设计和技术团队，由另外两个合伙人领导。这位创始人很少去那个比较大的空间，如果有事情，也只是打电话召唤另外两个合伙人来他办公室开会。而且他从来不跟另外两个合伙人下属团队的员工有任何沟通。我问这位创业者为什么要这样，他说他只是觉得自己不懂那些方面的业务，只要充分授权给合伙人就好了，不需要他插手。这种想法是没错，但是没有必要跟这些员工连话都不说，也许是因为办公空间的区隔显得疏远，再加上接触机会不多，越少沟通就越觉得没有必要沟通，逐渐就形成了习惯。那么，这个大办公空间的员工会怎么想呢？如果在他们心中，老板还有存在感，当他们看到老板和市场商务团队的员工谈笑风生，却从来没跟自己说过一句话，会不会觉得自己被边缘化了？如果在他们心中，老板根本没有存在感，他们只知道自己的领导，不知道老板，那么这个公司还成其为一个公司吗？

大部分女性的独立精神和开拓精神不如男性，对于自己不擅长或不懂的事情经常会有畏难情绪。她们也很少会不耻下问，更多的是把自己不懂的事情交给一个擅长的人去做。就像家里的电器或者抽水马桶坏了，男性更愿意自己先尝试去修，实在不行再报修，而女性在这方面的动手意愿就差了很多，她们更喜欢直接找人修理。在社会分工越来越细致的今天，这么做当然没错，但是，在一家创业公司中，如果你把很多原本该你自己做的事情委托出去，并且委托对象是同一个人，这就有点危险了。你的大部分信息都会来自于这个人，而且员工对你的了解大部分也会来自于这个人，这个人等于扼住了你公司的咽喉，这种事情难道不可怕吗？

这种现象的形成，也是温水煮青蛙式的。初创公司往往人不多，作为创业者，方方面面的事情很繁杂，每天几乎被各种琐事淹没，这时候就非常渴望有人来分担。如果有一个人，能够帮助你分担一些琐碎的工作，并且完成得很好，你就会倾向于将更多的工作交给他，这是人之常情。当他承担了大量本该你做的工作的时候，你就会产生依赖。如果这些工作是你不擅长的，你对他的依赖就会难以自拔。一旦到了这个阶段，这个人只要请假你都会觉得非常不方便，你会发现他承担的某一块工作你完全接不起来，可这明明原本是你的工作。这就是一个危险的信号，说明你患上了助理依赖症。

如果你不确定自己是否患上了助理依赖症，你可以这样来自检。随便找一个工作日，在下班的时候，盘点一下你当天的工作，发了多少封邮件，分别给了谁，内容的多少和重要程度是怎样的。和公司里的谁有过接触，谈话持续了多长时间，内容和重要程度是怎样的。我们可以用花费的时间作为客观度量单位，把这些一一列出来，如果有一个人，出现次数超过了三分之一，你们之间大部分是面对面交流，并且跟他有关的事项大部分并不是公司的核心业务，他也不是副总或合伙人的级别，你就要警惕了。

然后再来盘点一下，你让这个人做了什么，如果只是订酒店、贴票据这种工作，那还问题不大，如果过多的内容涉及沟通、传达以及业务，就有点麻烦了。如果这个人业务能力很强，那就直接明确任命他分管一块业务，按照公司规定进行考核，不要让他作为你的代言人去管理团队，否则会让员工在理解上发生偏差，认为他所有的行为都是在执行和传达你的命令。如果这个人稍稍动一点歪脑筋，把不正确的指令都归于你的乱命，把正确的决策都揽到自己身上，那就更危险了。

如果这个人只是助理性质的人，那么就让他做助理的工作，绝对不要让他做沟通的传声筒。无论是跟员工沟通，和投资者沟通，还是跟客户沟通，如果应该到你这一层，你就要亲自去做，如果不到你这一层，就应该安排适当的中高层去做，绝对不能让助理或助理性质的人去做。因为一旦整个公司习惯于某个人是你的传声筒，你就会和员工之间产生隔膜，这将十分不利于整个公司的正常运转。

在职场，我见过这样的人。每天早晨煞有介事地打开微信，用听筒播放老板的某段语音，声音并不开到最大，让周围的人能听出是老板但是听不清说什么，然后立即跑到其他部门那里沟通工作，“老板说了，这项工作今天就要完成。”天知道那段语音是什么时候的事情，跟他说的话有没有关系，如果这个人确实和老板走得很近，经常作为老板的传声筒出现，老板又经常躲员工很远，他的话，绝大多数员工都会相信。其实他只不过是挟天子以令诸侯，借老板的口，做自己的事而已。对于初创公司来说，出现这样的沟通断层，将是致命的。

助理依赖症的最佳解决方案就是快刀斩乱麻，如果你还想用这个人，就立刻把他调离你身边，让他去另一个中高层下面，负责一块具体工作，不再直接向你汇报。只要你疏远他一个星期，全公司那么多双眼睛都看到了，这个病也就不治自愈了。

# 第 54 课　你有处女座综合征吗

女性一般都比较细心，这一点是好事也是坏事，对待产品精益求精，对待细节一丝不苟，当然是好的方面。女性创业者写出来的商业计划书，无论美观性、可读性还是准确性，平均水平都高出男性一筹。

但女性创业者应该避免过于注重细节，苛求完美，那样容易陷入处女座综合征的泥潭。

处女座综合征表现在女性生活的方方面面：挤牙膏是不是从底部开始挤，盖子有没有拧紧，东西用过之后是不是放回原处，换下来的衣服是不是丢在椅子上没有挂好，柜门抽屉有没有关好，等等。女性会关注这些细节，只要有一样没有妥帖她就会觉得不舒服，这就是处女座综合征的典型症状。

从进化心理学的角度来看，男女性这种心理差别的成因是这样的：由于原始社会男女分工不同，男性从事狩猎工作，最重要的就是杀死猎物，保住性命，避免自己受伤，其他细节都不重要。而女性从事采集、制造、抚育后代的工作，面对的就是大量繁杂的细节，她必须经过筹划，合理安排资源和时间，才能达到最佳效率。男性面对的场景是不可控的，所以他没有必要要求细节的一丝不苟和自成体系。而女性面对的场景是相对可控的，工具放在固定的地方，孩子在固定的时间喂奶，早上凉爽的时候出去采集，傍晚昏暗的时候做一些简单机械的打磨工作，这些细节经过长期实践的积累，会让女性工作起来更为顺手，效率更高。这种长期的固定模式形成了心理定式，导致女性普遍过于看重细节，形成了处女座综合征。

在女性创业者当中，处女座综合征主要表现在两个方面，一个是过于纠结无关紧要的细节。譬如我见过这样的案例：女老板自己比较怕冷，且认为夏天空调温度调高一点有利于环保，就三令五申要求公司内空调温度不要低于26℃，但是IT公司电脑很多，工位又密集，26℃会感觉很热，当然这一点在独立办公室办公的女老板体会不深。上有政策，下有对策，员工们根本不听这一套。女老板觉得自己的权威受到了挑战，于是命令行政部把中央空调的调温旋钮粘了起来，固定在26℃。于是这件事就成了那些职场匿名社交平台上的笑谈，很多员工给这位女老板贴上了“变态”的标签。

还有一种情况是对细节精益求精。从产品层面上来看，这是一种好的态度。但是如果在公司所有层面都这样要求，就有点让人难以接受了。譬如说过于洁癖的要求工作环境整洁，对午休时间严格控制到一分钟都不差，公司内部的流程设计得过于繁杂，还要求必须严格执行，等等。我曾经见过一位女总裁要求公司各部门下月预算要精确到每天花哪一笔钱，如果当天没有花掉就要写说明，这种完全无法执行的规章制度，自然遭到了全公司的抵制。毕竟全世界并不是以你为中心的，商业上的事情需要很多外部因素配合，不是你想什么时候完成就能什么时候完成的。你自己的家庭这么做预算都未必能做到，何况公司？

其实，对产品的过分精益求精，在细节上做过多的纠结也是不可取的。任何产品，如果我们以横坐标代表投入，纵坐标代表品质的话，在一开始，这条曲线是上升的，投入的时间人力越多，产品品质越高。但到了一定程度，你会发现即使花再多的时间与精力去打磨，产品品质上升的幅度已经很小了，甚至出现了下降。这个转折点就是投入产出比的最佳点。在这个点上，继续纠结细节的完美已经不明智了，必须及时叫停。

处女座综合征很难治疗，只能尽可能隔离，让它仅存在于你的生活中，但是不要对公司的日常经营造成影响。知道自己有这方面的问题，每次下一个决定的时候就要自检：这是不是一件无伤大雅的小事？我有没有必要在这里纠结？是不是可以停止了？如果保持原状公司没有损失的话，那就多一事不如少一事吧。这种反省也可以以他人作为镜鉴，在自己不能确定是否过于纠结的时候，多听听其他人的意见，如果大部分人认为是，那就立即叫停。还有一种判断方式就是，你这种行为会不会被员工作为八卦传为笑谈，如果会，就不要做。所以，多关注行业八卦是有好处的，至少可以让你不会去犯那些会被别人取笑的错误。

## 第55课 不要试图获取员工的同情

相对于男性，女性更习惯于把自己软弱的一面表现出来，习惯于从别人的同情当中汲取力量。遇到挫折，男性倾向于转移注意力，通过饮酒、运动等方式进行发泄。而女性则更喜欢通过倾诉、哭泣等方式，获得其他人的支持。这是由两性心理差异造成的。你看到一个拼命夜跑的男人，可能不会猜到他正在经历失恋或者公司濒临倒闭。但是你看到一个在咖啡馆拉着闺蜜的手泪流满面的女性，你一定知道她遇到了问题。更多这样的现象累积起来，就造成了全社会对女性的“弱者”印象。

女性通过倾诉去宣泄负面情绪本身没有问题，但注意不要搞错对象。对于第一次创业的女性创业者来说，创业就像一场冒险，有太多未知的困难超出了你的预期，你经常会遇到一些让你崩溃的局面，这时候你会迫切地想要找一个人倾诉。找谁好呢？亲朋好友自然是最好的倾诉对象，但是他们通常不是创业者，很可能对你面临的问题没有切身的体会。

找合伙人倾诉可能会拉近你们的关系，尤其当合伙人是男性的时候，这也是性别武器的一种使用方式，但我个人建议要慎重使用这种方式。我见过一些女性创业者，在几个男性合伙人之间游刃有余，这是一种能力，但当你自问没有这种能力的时候，最好还是谨慎使用。

找投资者倾诉也有同样的问题，把自己软弱的一面暴露给一个人，可以迅速增加两者之间的亲密关系，但也有可能导致对方对你的能力产生怀疑，对公司的经营产生担心。公司遇到的问题，有些可以跟投资者说，有些则不能，他们只要知道最终的结果就好，不需要知道过程。如果你判断这件事情适合对投资者讲，同时对你也有好处，你也可以去尝试。

我有一个闺蜜，公司遇到了困难，希望原来的投资者追加投资。在投资公司的走廊上等待约见的时候，一位男性投资经理安慰的话语让她瞬间崩溃，于是伏在对方的肩上哭了起来。这一切被另一个女性投资经理看到，接下来的会议中，这位女性投资经理力主不要追加投资，理由就是她这样软弱，不可能带领公司走向成功。

更为合适的做法是找一个顾问，他可以是你朋友中的一个人，但必须对你所在的行业和你的业务以及与创业相关的一些事比较熟悉。我一直建议创业者在初创阶段至少有一两个这样的顾问，或者可以称为导师，这可以让你少走很多弯路。

但是无论如何，都不能找员工倾诉，不能在员工面前表现出自己软弱的一面。可能有些人认为，在员工面前敞开心扉可以迅速拉近自己和员工的距离，有利于管理和控制，这其实是一种饮鸩止渴的做法。

最常见的是老板痛说革命家史。这种老板非常多，只要一开会，不知道怎么就会转到创业回忆上去，什么当年只有十几个人七八条枪啦，什么为开辟三四线市场冒着生命危险啦，什么条件艰苦筚路蓝缕啦，什么被合伙人背叛被大公司挖墙角啦……刚去公司的新员工可能觉得新鲜，老员工耳朵已经听出茧子来了，还要饥肠辘辘地忍着。真不知道这种老板的目的是什么？从员工那里获取同情？员工更同情的应该是自己的胃和耳朵吧。

在公司体系中，很多员工会把老板看成主心骨，至少也是带头大哥，带头大哥是不应该从小弟那里获得同情的，而且小弟也不会同情你，只会觉得你可怜而无能。女性创业者更应该和员工保持适当的距离，距离产生美，也会产生尊重，这样才会比较容易管理。

# 第 56 课　别贴标签，要说感受

我曾经有一位非常能干的下属提出离职，我找她询问原因的时候，她说老板说话的方式让她无法接受，总让她想起她的后妈。由于我们是公关部门，日常不可避免地要和老板大量接触，所以我也没有办法安排她躲开老板。

“那么，老板什么地方像你后妈呢？”我问。

“他总是贴标签，翻小账，不会就事论事，说话又很不尊重人。”她回答。

她真正打动我，让我不再劝她留下来的，是她这样一句话：“我做噩梦都会梦到老板骂我，惊醒后全身都是汗，半天都睡不着，我不想再过这样的生活了。”

我们这次谈话的目的很简单，我是她的直属上司，我对她的工作能力和工作态度等各方面都很认可，希望她留下来。而她一天都不想在公司多待，只希望立刻离职。她离职的原因是老板喜欢贴标签，其实，她不自觉地，也给老板贴了一大堆标签。老板的做法固然不对，但是对这种错误做法深恶痛绝的她，也不自觉地犯了和老板一样的错误。而说服我让她离开的那句话，说的是她的感受，这让我感同身受，立刻对她产生了理解和同情。

“男人没有一个好东西”，这句话可以算是女性口中最常见的一句话了吧？但是这句话非常不客观，而且说这句话的人自己也未必认可这句话，因为这句话也把她的男性亲属都涵盖了进去，但是，这句话还是经常从很多女性那里脱口而出。通常只是听说了一件某个男人做下的坏事，或者遇见了一个在某方面有些不善良的男人，就否定了全世界的男性。这充分证明了女性喜欢贴标签，且贴标签时缺乏理性。

回到职场的情境，我们常常会听到有人吐槽说女老板、女上司经常骂人，嘴上刻薄，由此又会引申出一些诸如“疯女人”“有病”之类的标签，难听一点的还会扯到私生活上面。可是，我们如果把女老板们的话录下来重听一遍，通常就会发现她们并没有说脏话，更谈不上骂人，但是却给人以非常负面的感受。

“我真不明白为什么每次的设计都这么LOW？”“这个问题我说过多少次了，你们为什么总是不听？”“你们从来都学不会把某某放在第一位。”“我昨天讲到12点，你们一句都没听进去！”“你们跟我干了这么多年，怎么就一点都学不会呢?”“你连某某（具体事项）都做不好，怎么能做某某（职位）呢?”

这扑面而来的一大堆标签，几乎是“放之四海而皆准”的，它可以用于你签错了一个合同，给公司造成巨大损失；也可以用于你写的调研报告中出现了一个错别字；或者你根本没有犯什么错误，只是老板对于你所做的一切都不满意。

这样贴标签真能改善现在的状况吗?老板说一句“真不明白为什么设计这么LOW”就可以让设计突然变得高大上?当然不能。

既然不能，我们就要学会试着改变。首先，你是老板，你不满意，你有资格也必须表达自己的不满，这绝对没有错。然后，你要先想一下，你是对这件事不满，还是对这个人不满。如果对这件事不满，那你就要想想，类似的事情，这个人有没有做过让你满意的事?如果没有，你可能还是对这个人不满，如果有，那么为什么他上次让你满意，这次让你不满，是不是在沟通和理解上有了偏差?或者是他个人出现了问题?有了小情绪?是给的时间太少，还是中间出现了一些阻碍?把这些弄清楚，就可以很容易解决这件事，让它朝你满意的方向发展。

如果是对这个人不满，你要考虑还要不要继续用这个人?如果还想用，但是你又不认为他能做好这件事，就把事情给其他人做，安排这个人做他能胜任的事情。如果不想继续留用，那很简单，停止沟通，等他出办公室之后找他的直属上司和人事经理过来，沟通一下接下来该怎么办就好。

那么，正确的沟通方法应该是怎样的呢？说感受。

“上次你设计的海报非常好，就连我们的客户都连声称赞。而这次的水准却让人大跌眼镜，弄得我在客户面前很没面子，到底出了什么问题？需要我帮助吗？”

你不是很不满吗？那就把你的感受说出来，失望、震惊、遗憾、惋惜、没面子……这些情绪很容易产生移情作用，让对方能够体察得到，从而产生歉疚感，而这种歉疚感，就是他们继续改进的动力。“我不能让欣赏我的人失望！”再没有什么比这更大的动力了，你很快就能看到改进的效果，而且和员工的关系也会进一步融洽。

# 第 57 课　不要试图改变员工

对于一个创业者来说，你所雇佣的每一个员工，基本上都是成年人，甚至在大多数非低端产业，都是 20 岁以上且受过高等教育的成年人。一个人的思想观念的形成，极大程度上受他的原生家庭影响，其他的如学校、社会、职场，对他的影响都微乎其微。人在成年之后，会因外力而改变的情况，通常只有两种：一种是单纯的应届生初入职场，而所在的公司价值观极为强大，则这位应届生有可能发生改变。另一种是初婚，对方的气场极为强大，有可能导致另一方的改变。当然，我们也会看到很多成年人发生了巨大的改变，但那都是因为自我内心的推动，他有让自己改变的主观意愿，而不是外力作用的结果。

作为公司老板，对员工的影响力其实是微乎其微的，除非这个员工对老板怀有超越职场关系的感情，譬如暗恋。所以，作为老板，不应该试图去改变一个员工的世界观、价值观、思维方式等固有的思想观念，因为那是徒劳无功的。你能够改变的，只能是员工的知识和技能，甚至在这方面，你的影响力也是很微小的。不论公司做了多少培训和指导，可能很多员工的知识和技能还是在原地踏步，除非他有很强的内在驱动力促使自己改变。

当然，你可能不同意我的观点，你会说："情况并非如此，我的员工就随着公司一起成长，能力越来越强。"

我会说："你确定他越来越强的是能力，而不是经验？"

一个程序员，他原来只会 Java 语言，现在学会了 Html5，这是知识的提升。而他原来不会处理游戏中摄像头随着角色移动而跟随的问题，现在能熟练掌握了，这是经验。在职场，人们积累下来的东西，大部分都是经验。见识过了某个问题怎么处理，也分析总结了这个处理方案的得失成败，再遇到类似的问题，处理起来就得心应手，而且成功率也会高很多。

女性的母性，除了表现为呵护和干涉之外，还表现为培养。所以女性创业者更容易陷入"员工梦工厂"的养成游戏中不能自拔。她们毫不吝惜地将自己的知识和经验倾囊相授，苦口婆心地教育员工，希望他们能够迅速成长。这种方式对有些人是有效的，因为他们有学习的意愿，但是对另外一些人则是无效的，他们根本就不想学习，而且会对公司和老板的这种强迫学习十分抗拒。如果你在大企业负责过培训，你就很容易观察到，如果是那种自愿参加的培训，总有一部分人几乎每次都参加，而另一部分人却从来不参加任何培训，对于后者，千万不要强迫教他们任何事，不要试图帮助他们提升，你觉得可以用就用，你觉得不能用就放弃。

也许你的出发点是好的，你在栽培后辈，但是你过高的期望值可能会让他们压力很大，或者他们根本就不想成为你希望他们成为的那种人。你认为他们会像你一样，希望成为高管，挣更多钱，管理更多人，拥有更多资源，做更高层次的事，而他们则可能只是喜欢留在基层，在工作以外找到自己的精神支点，满足于“小确幸”的生活。当你花了更多时间帮助他们成长的时候，他们可能会觉得你在针对他，找他们的茬儿。这可能导致你们关系紧张，甚至他们会因此离开公司。何苦做这些吃力不讨好的事情呢？

很多企业领导人都会在一定时期着力培养一个接班人，而接班人和他的“职场父亲”反目的事情随处可见。你一旦全力去培养一个人，就会不知不觉地对他有更多的控制欲望，而被你培养的这个人，由于你的青眼相加，也会不知不觉地膨胀，最终，冲突在所难免。而且，抓住一个人或几个人重点培养，也会打击其他人的向心力，冷了大家的心。接班人这种事情应顺势而为，无须刻意安排，等着时间冲刷掉那些浮在表面的尘埃，最终你想要的那个人，就会脱颖而出。

# 后 记

Postscript

## 我想开创的不是事业，而是一个全新的自己

一个安静的午后，淡淡的咖啡香气里，我向那些奋斗在创业路上的闺蜜们问了同样一个问题："为什么要创业？"

同样的问题，我也问过我自己。我有三次创业的经历，但三次都近乎黄袍加身或者逼上梁山，不是被团队推动，就是被外力推动。经过了这几次创业，我也越来越清醒地认识到，我可能更适合做职业经理人，而不是创业。做职业经理人需要百分之百的理性，而创业则需要一些感性甚至疯狂，我承认我不够疯狂。

"我觉得我强大到可以开创一个公司的时候，我就去做了。"

"我就是想全权掌控一件事情，不再被任何人拖后腿。你知道我在那家全球著名的跨国公司时，那么大的合作项目，我费了九牛二虎之

力几乎快要谈成，硬是被整个公司庞大烦冗的官僚作风拖黄了，我不想再经历那样的失望。”

“我错过了那么多次机会，这一次一定不能再错过了。”

“我看准了这个方向，但是别人都没看到，那我为什么不自己去做呢？”

“创业就像怀孕，是很自然发生的，到了十个月，你就必须要把它生下来，否则你会很难受。”

“我也不知道，我就是看到别人都成功了，想着也该轮到我了吧，然后就去创业了。但是创业真的是不一样，以前你不会发现自己有那么多可能性，这个你也能做，那个你硬着头皮也做到了。创业就像一场冒险，你会发现自己能够成长为原来做梦也想不到的样子。”

看着坐在对面的闺蜜们分享着她们创业路上的喜怒哀乐，真心希望她们在各自的创业路上越走越好。

整个职场就像铁人三项比赛，就职是其中的公路长跑，按照既定的道路，一步一步走下去，就能到达终点，你不仅不用认路，甚至不用抬头看路，你只要追逐领先者的脚步就不会错，枯燥，无趣，但是风险很小，只要努力，就有回报。

而创业则是铁人三项中的天然水域游泳，当你脱下跑鞋，换上泳衣，跃入水中的时候，你会发现，你观察世界的角度变了，你丈量前路的方式也变了。茫茫水域，没有人给你指点方向，你要随时留意浮标和绳索划定的界限，一不留神就会绕路，甚至是犯规。你不能停下来，否则等待你的可能是死亡，即使后面并没有追赶者，你也要不断向前，否则就会被水淹没，这和长跑时候的脚踏实地完全不同。你可以用任何姿势去游，没有人限制你，唯一的评判标准就是最快到达终点。你也许会很幸运，被潮流推动着，游得很快，也许会遇到逆流，无论怎么努力都无法前进半步，一切都是未知的，充满了挑战和奇迹。

创业是一种修炼，它能让你从身到心都脱胎换骨，即使是创业没有成功，有过创业经验的人，在职场中的气场一看就与众不同，自信、稳重、成熟，充满了大将风度。

创业对于女性而言，不是把公司做到多大，也不是挣到多少钱，而是你做了自己想做的事情。创业让你变得更好。

附　录

# 中国女性创业者调研

中国女性创业者调研是 TOP HER 创始人从 2014 年 11 月 1 日开始到 2015 年 10 月 28 日长时间调查的成果，这该是史上最唠叨的女人创业报告，关于女性创业，你好奇的几大维度通通都有。

## 调研结构

### 概　览

一、谁在创业——**中国女性创业者画像**

二、她们在创什么业——**中国女性创业特征**

三、她们的创业心态怎样——**中国女性创业者情商**

四、她们真的会创业吗——**中国女性创业者财商**

# 概 览

## 全球 67 个经济体女性创业者概览

1. 26 亿女性正在开创或经营自己的新创企业；

9800 万女性企业家在经营已经建立的企业；

女性创业者占全球创业者的 3. 6%；

全球只有 13% 的风险投资资金投给了女性企业家。

# 一、中国女性创业者画像

## 1. 女性创业者年龄层划分

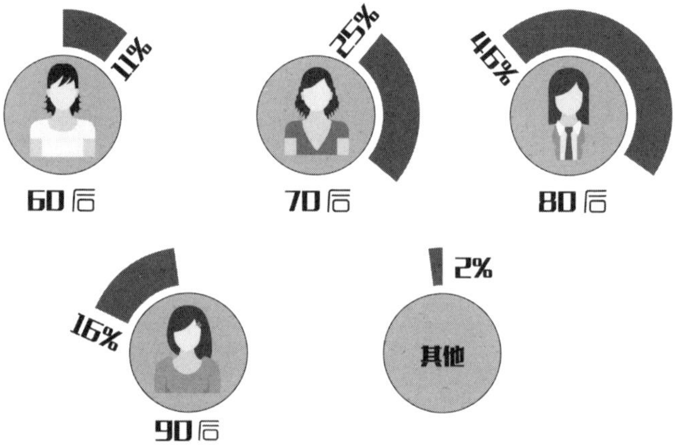


## 2. 颜值程度

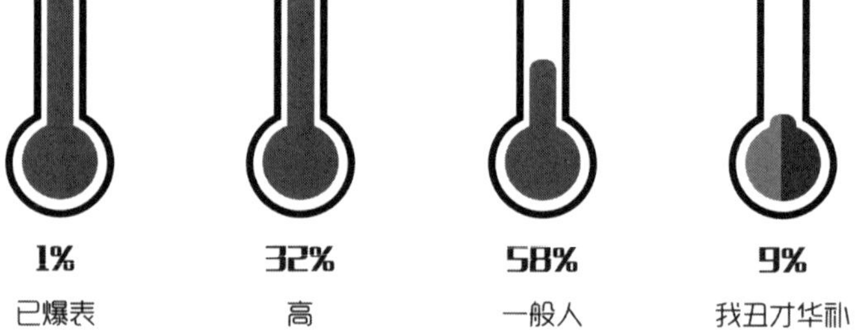

## 3. 家庭状况

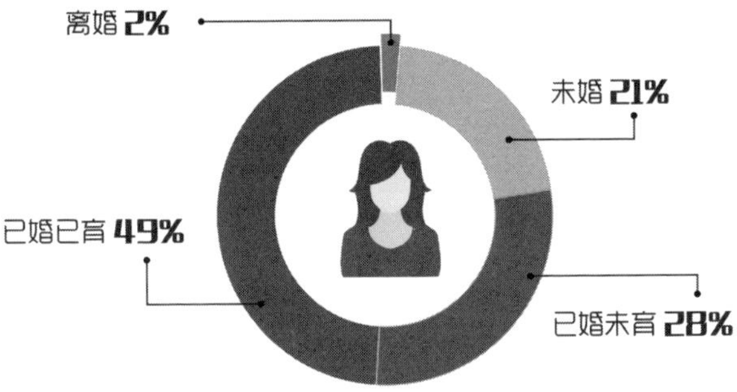


## 4. 原生家庭状态

## 5. 家庭收入状况

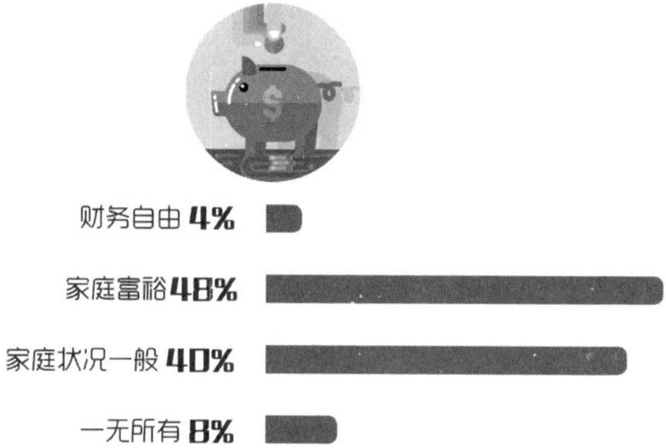


## 6. 所在城市特征

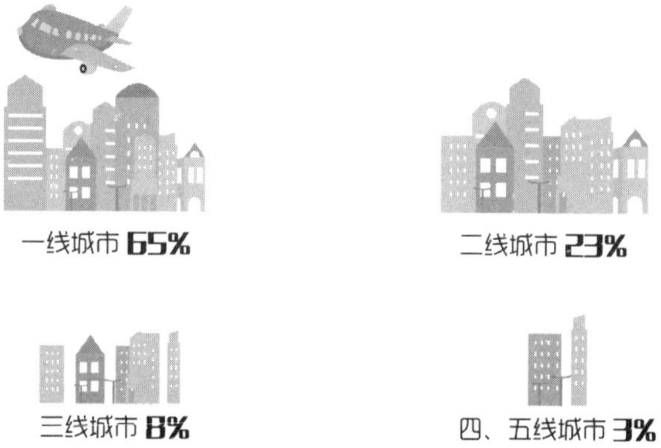

## 7. 教育水平

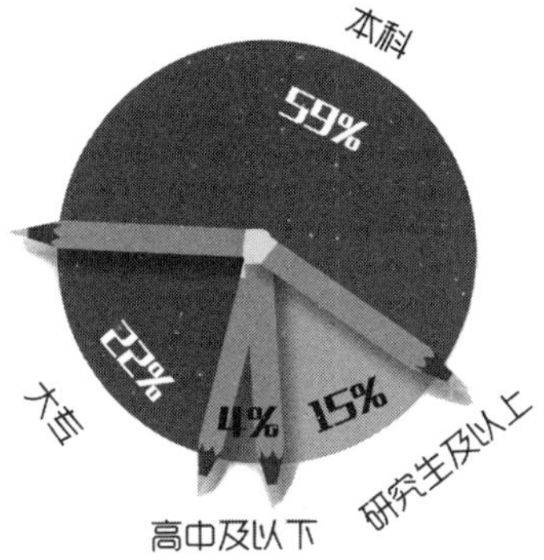
本科
59%
大专
22%
4%
15%
高中及以下
研究生及以上

## 8. 星座

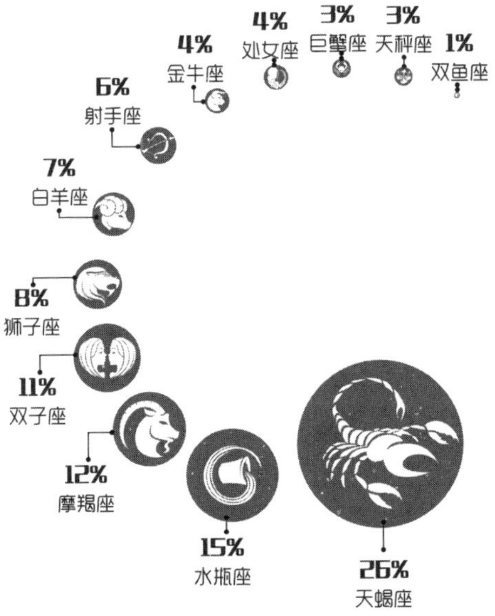
4%
处女座
3%
巨蟹座
3%
天秤座
1%
双鱼座
4%
金牛座
6%
射手座
7%
白羊座
8%
狮子座
11%
双子座
12%
摩羯座
15%
水瓶座
26%
天蝎座

## 二、中国女性创业特征

### 1. 创业时间

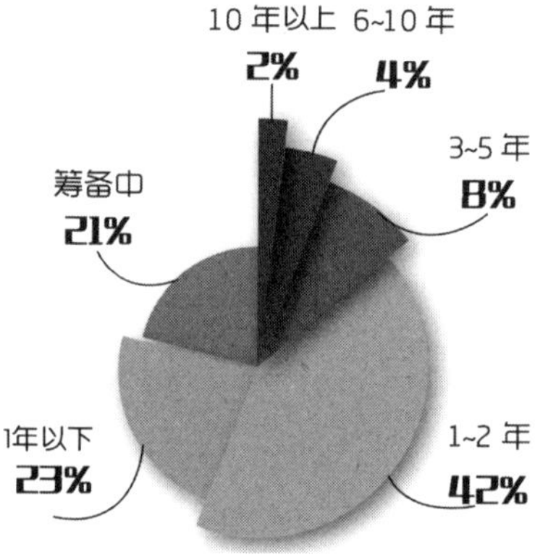


### 2. 期待创业程度

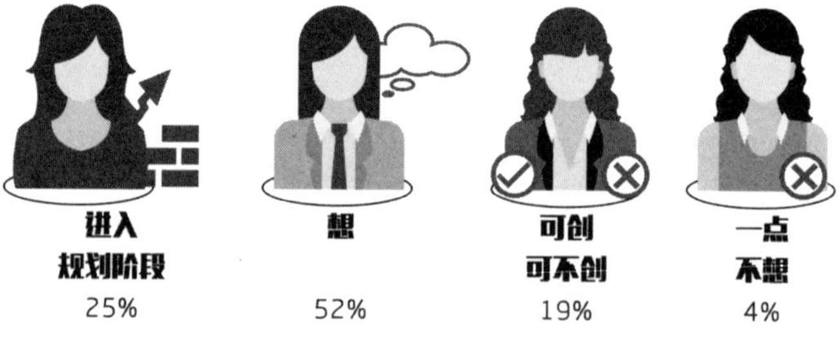

## 3. 离职创业动机

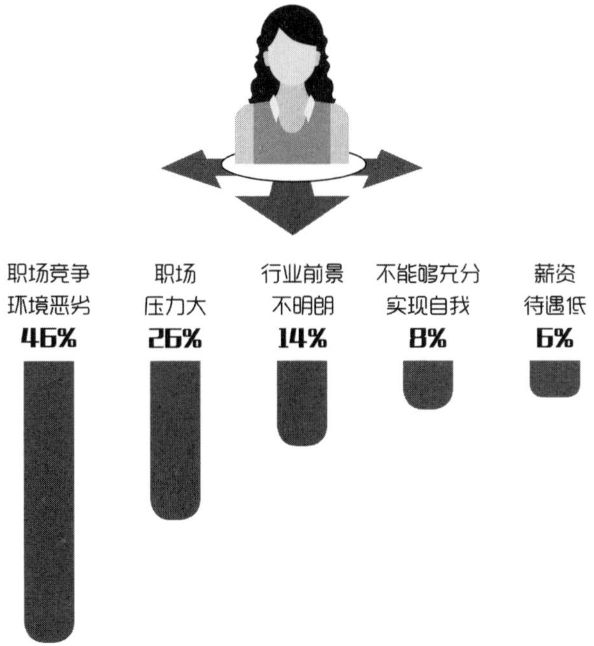

## 4. 选择创业行业

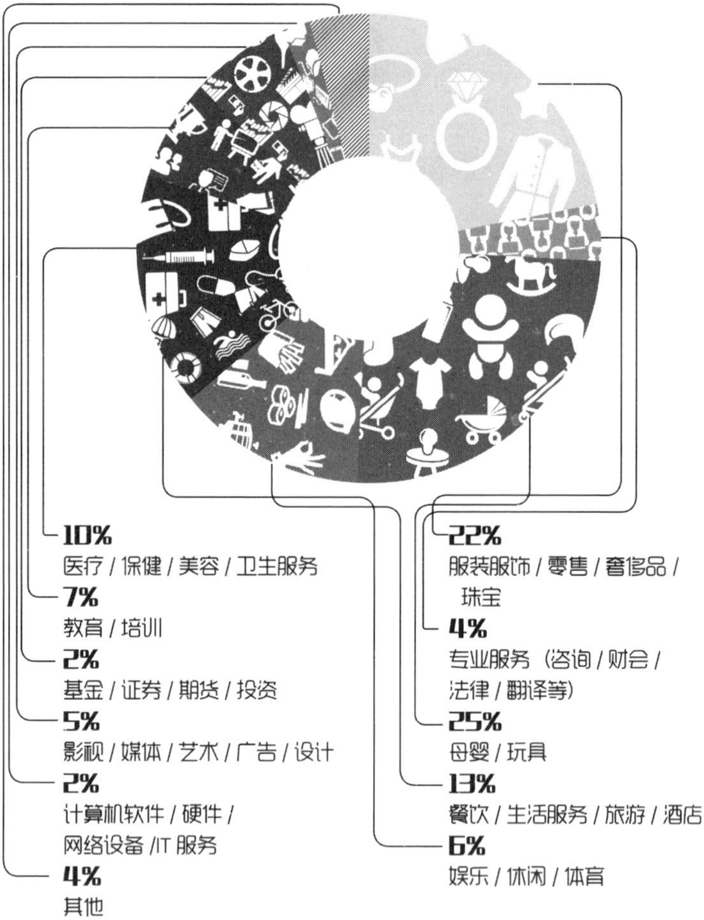
10%
医疗 / 保健 / 美容 / 卫生服务
7%
教育 / 培训
2%
基金 / 证券 / 期货 / 投资
5%
影视 / 媒体 / 艺术 / 广告 / 设计
2%
计算机软件 / 硬件 / 网络设备 /IT 服务
4%
其他
22%
服装服饰 / 零售 / 奢侈品 / 珠宝
4%
专业服务（咨询 / 财会 / 法律 / 翻译等）
25%
母婴 / 玩具
13%
餐饮 / 生活服务 / 旅游 / 酒店
6%
娱乐 / 休闲 / 体育

## 5. 女性创业选择项目原因

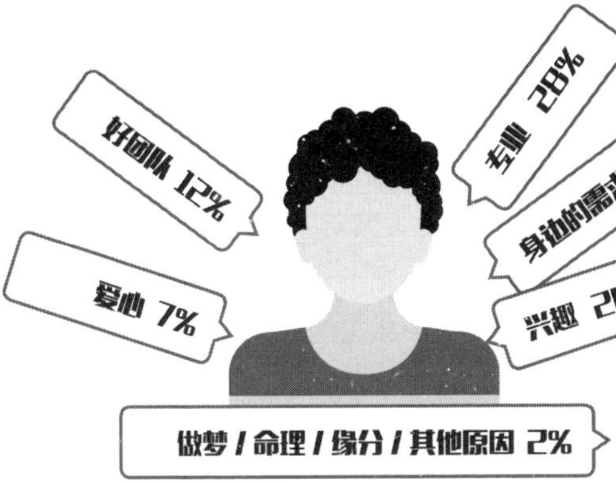


## 6. 企业规模

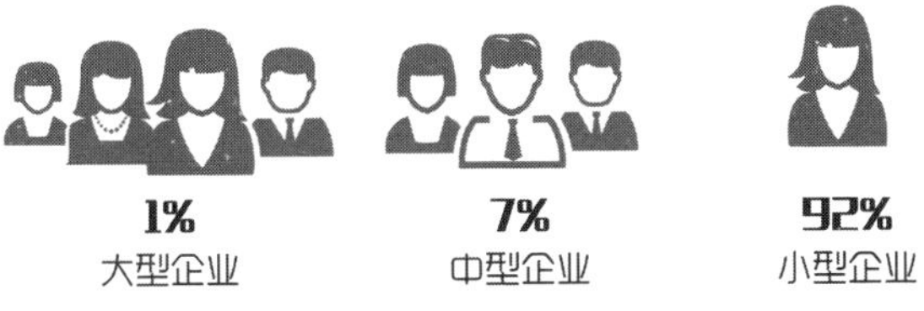

## 7. 创业经验值

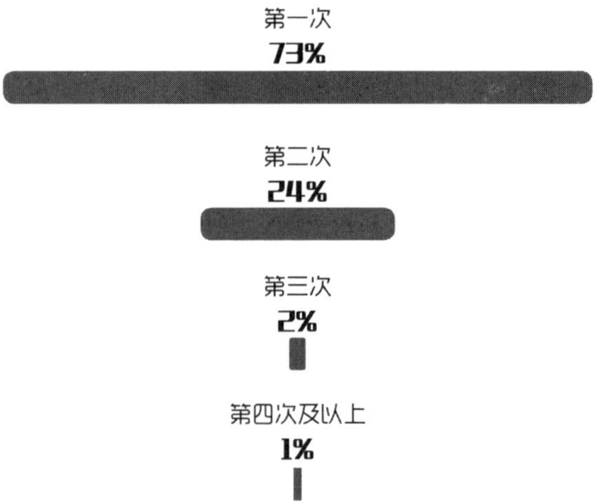

## 三、中国女性创业者情商

### 1. 性格特质标签

### 2. 女性创业优势

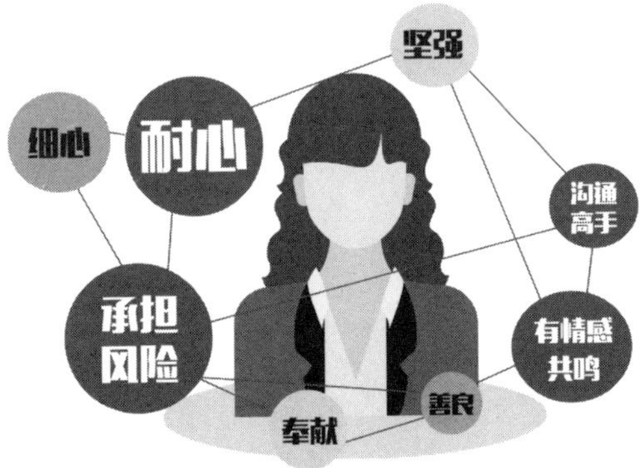

3. 女性创业劣势

4. 你是否预估过创业的结果

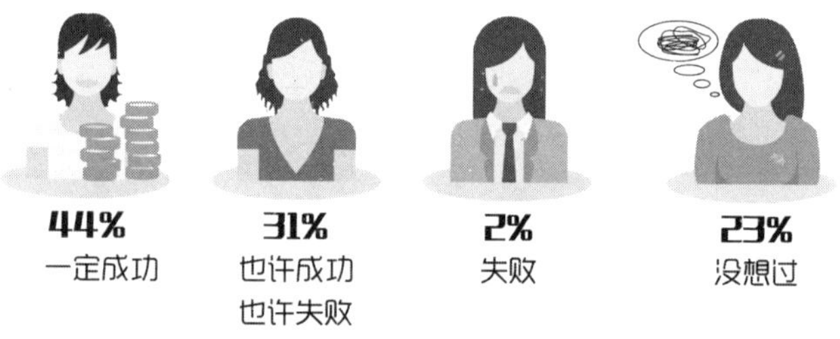

## 5. 你后悔选择创业吗

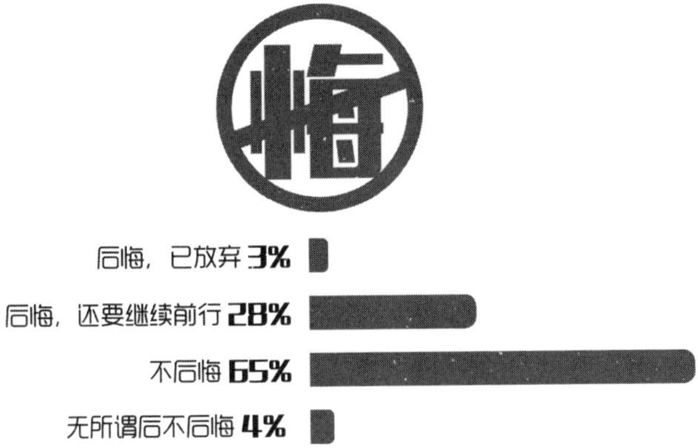


## 6. 你每天愿花多少时间在创业上

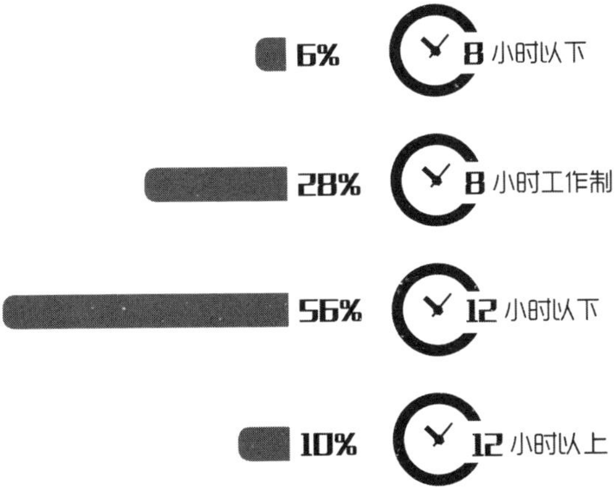

## 7. 如果遇到创业艰难，你会选择

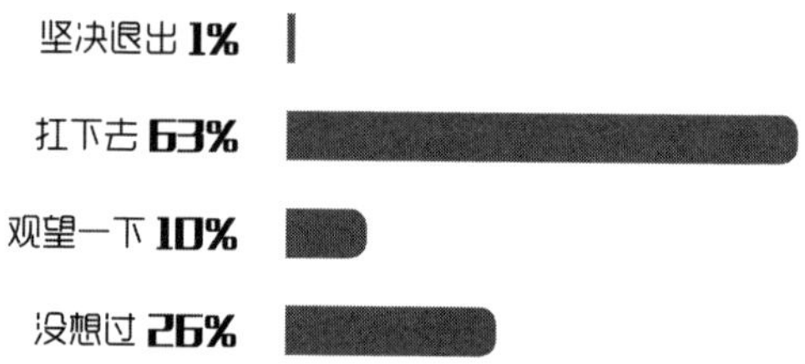

# 四、中国女性创业者财商

## 1. 创业前准备

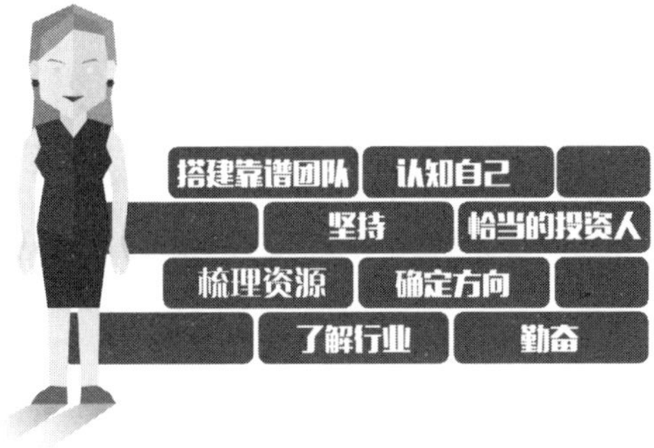


## 2. 如何确定创业方向

3. 创业遇到的最大瓶颈

4. 创业遇到问题后寻找解决方案的途径

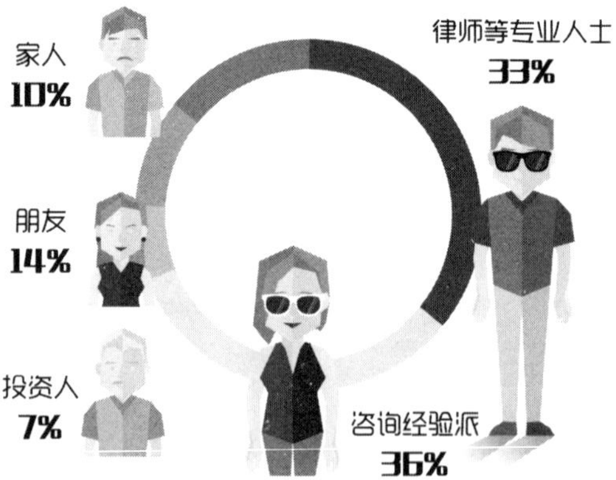

## 5. 创业需要导师吗

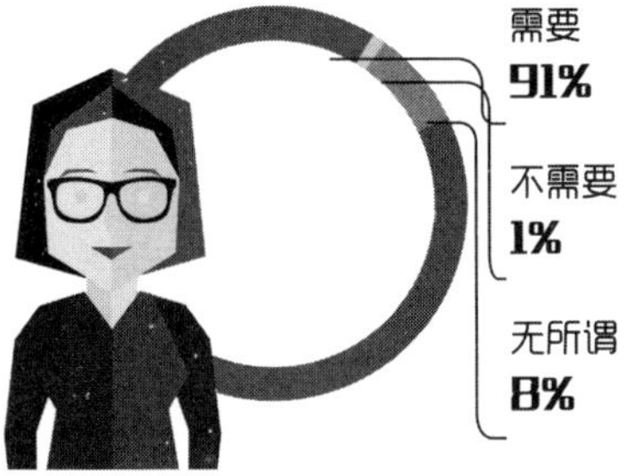


## 6. 创业前你会如何找合伙人

7. 如果你是创始人，你认为初始创业股份占比多少比较有安全感

8. 投资对你很重要吗

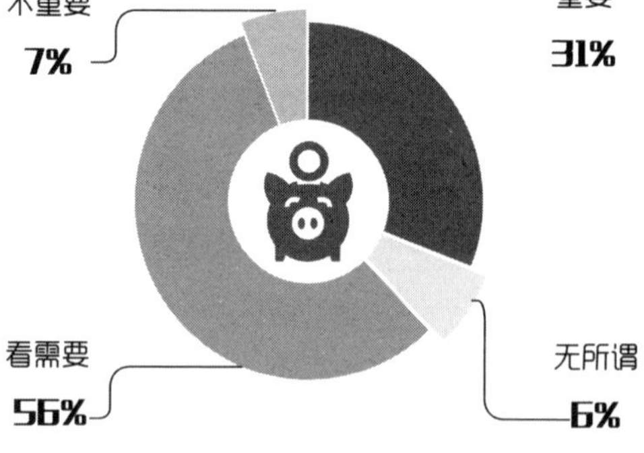

# 调研机构简介

TOP HER

·中国首家女性商业财经平台·

TOP HER 是中国首个垂直于女性的商业财经平台，半年内帮助5200 多个初创企业，链接了线下 4 万 + 女性创业者。除北京总部，上海、广州、深圳、台湾、香港、美国等地也拥有 TOP HER 社群大本营。

## 样本来源

本调研数据均来自于 TOP HER 社群定点采集所得，其中包含：

未创业及待创业女性（在线调研 N =3502，20141101 －20151028）；

女性创业者（在线调研 N =2316，20141101 －20151028）。